杨绛传

简朴的生活，高贵的灵魂

梅子 ● 著

民主与建设出版社
·北京·

© 民主与建设出版社，2020

图书在版编目（CIP）数据

杨绛传：简朴的生活，高贵的灵魂 / 梅子著. --北京：民主与建设出版社，2019.12（2022.8）
ISBN 978-7-5139-2827-4

Ⅰ.①杨…　Ⅱ.梅…　Ⅲ.①杨绛（1911-2016）—传记　Ⅳ.①K825.6

中国版本图书馆CIP数据核字（2019）第258716号

杨绛传：简朴的生活，高贵的灵魂
YANGJIANGZHUAN
JIANPU DE SHENGHUO GAOGUI DE LINGHUN

著　　者	梅　子
责任编辑	彭　现
装帧设计	嫁衣工舍
出版发行	民主与建设出版社有限责任公司
电　　话	（010）59417747　59419778
社　　址	北京市海淀区西三环中路10号望海楼E座7层
邮　　编	100142
印　　刷	三河市骏杰印刷有限公司
版　　次	2020年6月第1版
印　　次	2022年8月第3次印刷
开　　本	880毫米×1230毫米　1/32
印　　张	8
字　　数	157千字
书　　号	ISBN 978-7-5139-2827-4
定　　价	49.80元

注：如有印、装质量问题，请与出版社联系。

序言

序言

1911年7月17日在北京诞生了一名女婴,她就是我们书中的主人公杨季康,又名杨绛。这个小小的婴儿会塑造怎样的传奇,经历怎样的风雨人生呢?

她比较幸运,出生在书香世家,接受了新式教育,到清华大学借读,认识清华大学才子钱钟书深陷爱河不能自拔。也许遇上他是上天最好的安排,从此,她成为他的妻,跟随他漂泊天涯。也许最美的爱情是伴君走天涯、做永远灿烂的妻子,就算变身"我们仨",也能崭露头角做一名出色的戏剧家。与钱钟书结合后到牛津深造,认识盛澄华到巴黎求学,认识陈麟瑞、李健吾开始写剧本。杨绛人生的这盘棋,步步走得稳,遭遇什么人就有可能和什么人一起改变自己。

"外国文学名著丛书"编委会的林默涵先生将《堂吉诃德》的翻译工作交给杨绛后,没想到"堂吉诃德"做了"俘虏",书稿成为"黑稿子"。她利用无数机会搜寻这本被没收的"黑稿子",其间经历曲曲折折,得到又无可奈何地放弃,《堂吉诃德》历时20载终于与读者见面,杨绛和《堂吉诃德》经历了战乱、动荡,历经绝望又被希望点燃。

1997年,86岁的杨绛送走60岁的爱女钱瑗,她握着爱女的手温柔地说:"安心睡觉,我和爸爸都祝你睡好。"钱瑗静静地睡着了,再也没有醒来。生,母亲把她带到这个世界;死,母亲握着她的手温柔地送别。她如婴儿、如天使一样安详……

1998年,87岁的杨绛静静地站着,目送88岁的钱钟书进入火化间。谁能想到最后的离别,竟然是我爱着你,却要眼睁睁看着你从这个世界消失……

钱钟书说:"绛,好好里(即'好生过')。"杨绛在他的额头上轻轻地吻了一下。这一吻便是前世今生

序言

的不再相见；这一吻，吻别了与他在一起的63年的美好岁月；这一吻只剩下她一人。

"钟书在哪里，我的家就在哪里。"他走了，消失了，她的家也跟随他而去，他们相亲相爱一辈子，用自己的方式诠释了世上最美的爱情，世上最"纯净的婚姻"。爱，请深爱，使劲爱，哪怕来生不见，只求今生相守，只有死别，不再生离。

杨绛说："钱先生和阿瑗都走了，我的路也走完了。"也许，她的世界已经随着他们走了，她已经把属于他俩的战场打扫干净，属于她的战场也打扫完毕，她才如此淡定从容、漫不经心。

2016年5月25日凌晨，她不在人世间停留，结束了105年的人生。她在睡梦中走向永恒，他们仨团聚了。

杨绛说："世界是自己的，与他人无关。"晚年的钱钟书送给妻子最般配的礼物是八个字：最贤的妻，最才的女。杨绛用一生诠释了这八个字，让德与才达到极致。

目录

第一章　北京的1911年7月17日

来了是意外，活着是真谛……………………… 2

到启明女校求学………………………………… 8

苏州中学逐梦…………………………………… 14

无字的笔记……………………………………… 20

第二章　大学铸就芳华

东吴大学圆梦的才女…………………………… 26

清华大学铸英才………………………………… 31

最好的遇见……………………………………… 37

邂逅白马王子…………………………………… 43

第三章　深陷爱河情何限

情书遥寄相思意…………………………………… 50

珠联璧合订姻缘…………………………………… 56

结识钱穆和叶公超………………………………… 61

执子之手，与子偕老……………………………… 66

第四章　英国逐梦

我和他一样………………………………………… 74

在牛津大学，饱览群书…………………………… 77

生活三部曲：看书、会友、探险………………… 82

爱的佳肴…………………………………………… 86

第五章　永远灿烂的妻子

生活琐事觅幸福…………………………………… 92

到伦敦和巴黎探险………………………………… 97

钮先铭眼中的钱钟书夫妇………………………… 102

在牛津诞下爱女…………………………………… 106

第六章 变身"我们仨"
愿得一人心,白首不相离 ……………… 112
"我们仨"在巴黎 ……………… 117
身在巴黎,心系故土 ……………… 122
乱世家人 ……………… 127

第七章 崭露头角的戏剧家
与良师益友在沦陷区 ……………… 134
为三斗米折腰 ……………… 138
第一部喜剧《称心如意》 ……………… 142
《弄真成假》与《风絮》 ……………… 147

第八章 我的骑士"堂吉诃德"啊
清华里的"散工"是女先生 ……………… 154
"堂吉诃德"做了"俘虏" ……………… 159
寻找《堂吉诃德》 ……………… 165
《堂吉诃德》面世了 ……………… 171
《堂吉诃德》的前世今生 ……………… 176

第九章　她，走了

他们仨团聚了·······························184
当好尖兵·································190
风雪夜归人·······························195
永远的钱瑗·······························200

第十章　他，也走了

《围城》内外·······························208
相濡以沫，拒绝离别···························213
一吻天荒·································218
只有死别，不再生离···························223

第十一章　北望百年隧道

留在人世间，打扫战场··························228
记录隧道中的钱瑗····························234
为自己笔耕不止·····························240
停在那一刻，不再前行··························244

第一章 北京的1911年7月17日

生命是一次又一次轮回,人生是一场永不谢幕的表演,有些人来到这个世界是见证一段历史的;有些人来到这个世界是记录这段历史的;有些人来到这个世界是体验亲情、爱情、友情的。

来了是意外，
　　活着是真谛

　　1911年7月17日的北京，从海外留学归来的杨荫杭迎来了第四位千金。谁也不知道这个女婴会塑造怎样的传奇，经历怎样的风雨，演绎怎样的百年人生。

　　喜欢吃冰激凌的杨荫杭买了一只做冰激凌的桶，他高兴地做了一桶冰激凌，给刚出生的婴儿小嘴唇上点了一点，嘴唇冻得发紫的婴儿使劲"吧嗒"嘴巴。杨荫杭看着品尝冰激凌的婴儿，喜爱之情溢上心头。邻居听说杨家又添人口，派人来问是男是女。女佣听说是女孩露出了失望的神情，发出惋惜的声音。杨荫杭听到女佣惋惜的声音很不高兴，他掏出一块银元送给女佣，打发她回去了。

　　杨荫杭给孩子取名季康，小名阿季。杨荫杭很疼爱这个婴儿，经常哼着催眠曲，抱着哭闹的婴儿来回踱步。

第一章
北京的1911年7月17日

有些人来到这个世界是见证一段历史的；有些人来到这个世界是记录这段历史的；有些人来到这个世界是体验亲情、爱情、友情的。这位杨家四千金，谁也不知道她在历史的洪流中稳稳地穿过百年隧道，从纸笔记录通信到现在的手机电脑通信，经历波澜壮阔的百年巨变优雅地退潮。

这一年，是杨季康的出生年，也是中国历史上故事最多的一年；这一年，辛亥革命瓦解了几千年的封建帝制。从此，中国告别了几千年的帝制统治，走向光明的共和。在这个动荡时期，朋友推荐杨荫杭任江苏省高等审判厅厅长，他们只得从北京搬迁到上海。当时，阿季才两个多月，这是她第一次随大人搬迁。

小小的阿季在上海生活到四岁，杨荫杭的工作又变了，开始就任京师高等检察厅厅长。他们只得从上海返回北京，租住在东城一家满族人的院子里。满族房东是时髦女性，经常穿漂亮的旗袍、高底鞋。小小的阿季一看女房东来了，眼睛就直直地看过去，看女房东摇曳生姿地来去。

杨荫杭以为女儿好奇的是女房东的高跟鞋，有一天忍不住打趣地问她："阿季，你长大了要不要穿这种高底鞋啊！"

阿季认真地思索一阵坚定地说："要！"一家人笑得前仰后合。

阿季五岁时结束了无拘无束的时光，到北京辟才胡同女师大附属小学读书。

杨荫杭的三妹叫杨荫榆，在辟才胡同的隔壁北京女子高等

杨绛传 简朴的生活，高贵的灵魂

师范学校任教，她特别喜欢阿季。某日，她带领人参观学校的食堂，一进门就看到一群小女孩儿，从背后看过去都是白脖子、两撇小短辫儿，个个像阿季。小女孩们看来了几位大人，都沉默不语安心吃饭。杨荫榆转了一圈才发现阿季坐在门边，她和其他小朋友一样，吃饭时掉了一些米粒。杨荫榆看到阿季忍不住笑了。她想让阿季和小女孩们改掉这个不好的习惯，就俯在阿季耳边说了一句话。阿季忽闪着大眼睛看看周围，又看看随三姑母来的几位大人，听话地把桌子上的米粒捡起来吃了。小女孩们看阿季把掉在桌子上的饭粒吃了，她们也跟着把饭粒吃了。杨荫榆看阿季表率做得好，更加喜欢这个惹人爱怜、欢快活泼、童趣十足的侄女了。

放学的时候，阿季喜欢跟着同学到大学部荡秋千，荡得越高她越害怕，越害怕越高兴。现在的小孩子很少荡秋千了，有电视看着，有各种儿童书籍读，还有各种现代化的游戏，精神食粮很丰富。在阿季的幼年，这些都还没出现，他们的游戏很简单。

愉快的童年是相似的，在女师大附属小学读书的阿季最开心的有两件事：第一件是举办恳亲会扮演花神，阿季穿着贴满金花的衣裳，牛角辫子插满花，高高盘在头顶上；第二件是学校举行运动会，阿季围着跳绳的学生转着跳。这两件事成为阿季在北京上学难以忘怀的记忆。

幸福和不幸总是结伴而行，对于小孩子来说也不例外。当时，杨荫杭到北京就职只带了不能上学的孩子，把正在求学的大

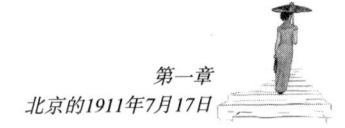

第一章
北京的1911年7月17日

女儿、二女儿留在了上海。有一天，他们得到二女儿感染风寒住院的消息，杨荫杭的夫人火速南下去看望女儿。哪知道天津发大水，火车不通，只得改换轮船。好不容易见到女儿，女儿只能拉住母亲的手不停哭泣，她看不清母亲心碎的表情，听不见母亲心碎的声音。她，走了，难舍这个世界，难舍她爱的亲人。有的人来到这个世界太匆匆，没来得及道声"世界你好，太阳你好"，便不情愿地离开了，留下无尽的思念在活着人的心里，绵长的岁月尽头。这样的思念不知道要延续多久才能归于平静？

杨荫杭在官场并不顺利，失去二女儿后，他意识到孩子比当官更重要，心灰意冷的他打算辞官离开北京。阿季已经上小学三年级了，她在院子里玩得正高兴，三姐跑过来说："我们要离开北京回南方了！"

阿季一下子不高兴了，变得忧伤起来，她对三姐说："怪不得母亲这段时间经常去看名胜古迹，还买回来那么多特产；父亲也不去上班，有闲情到山上采标本，原来，他们准备好要离开这儿了。"

处在快乐时期的孩子最难舍的是玩得正开心，忽然被人生生拽开，离开那些志趣相投的小伙伴。

离开的时候到了，当他们一家赶到火车站，为杨荫杭一家送行的人已经等在那里了，8岁的阿季看到这么多人送行，依依惜别、难舍难分的场面，不觉自豪起来，为有这样的父亲感到光荣。她站在杨荫杭的身边，仰着小脸甜甜地望着这个伟岸的男

杨
绛传 简朴的生活，高贵的灵魂

人，直到汽笛声响起，大家又一次告别。

一家8口人下了火车又换轮船，一路颠簸终于到了无锡。杨荫杭在无锡没有房产，只得租住在临河的沙巷。他们租的房子出了厨房是一座木桥，和北京的胡同完全不同。阿季喜欢这样的环境，站在家里能看到来往的船只在河里缓慢地移动。

阿季和弟弟到了无锡依然是要上学的。学校位于沙巷口的庙里，叫大王庙小学。学校有学生大约80人，只有一间大教室，分了四个班级。阿季和两个弟弟来得晚，只能做插班生。学校里只有一位校长和一位老师。姓孙的老师长得个性鲜明，头型像葫芦瓢，被学生们戏称为"孙光头"。孙老师教书携带"武器"曰：藤教鞭，专门用来"指点"学生的脑袋瓜。阿季和弟弟们进了这个教室，十分乖巧，孙老师没有对他们进行特殊的"照顾"。阿季发现女生厕所里，画了一幅"孙光头"的像，进厕所的同学都要对那幅画像拜拜。她以为是同学喜欢老师呢，哪知道一位同学告诉她："我们要'钝'死他。"后来阿季才知道在无锡的方言里"钝"是叫一个人倒霉的意思。同学们为什么不喜欢唯一的老师呢？难道是孙老师把"子曰"解作"儿子说"的缘故？还是孙老师经常拿教鞭打学生的脑袋？

阿季在大王庙小学和同学们玩得最多的是"官打捉贼"的游戏。在纸上分别写上"官、打、捉、贼"四个字，然后抓阄。有一次阿季抓到阄后撒腿就跑。同学拉住她，问她为什么要跑。阿季着急地说："我是贼呀！贼得趁早逃跑，要跑得快，不给

第一章
北京的1911年7月17日

捉住。"

　　阿季听老师讲课,和同学玩跳绳、拍皮球,虽然只上了半学期,但留下的深刻印象,让她经常觉得时光停滞了,仿佛在大王庙里从未离开。

到启明女校求学

1920年2月杨荫杭患病,病得特别严重,无法工作,只得在无锡的家中养病。大姐寿康比阿季大12岁,她打算开学带领闰康、阿季到上海启明女校上学。启明女校是有名的洋学堂,是教会学校,20世纪初由徐家汇圣母院改建,原先称"女塾"。校址是徐家汇天钥桥路100号。最初的校长由外籍修女担当,圣母院院长监理,中国嬷嬷担任一般的职务。中国嬷嬷周璀于1937年出任启明女校校长。1951年,上海市人民政府将启明女校与徐汇女中合并,更名为汇明女子中学。时隔一年,1952年的12月又改为现在的上海市第四女子中学。招收男生是从20世纪60年代中期开始的。杨荫杭曾送二妹和侄女到那里求学,他认为启明相对于别的学校来说管束严格,教学条件好一些,学生在那里能学习好中文与外文。

阿季的母亲担心阿季小,离家太远,没有大人照顾受不了

第一章
北京的1911年7月17日

罪。可是阿季想要跟随大姐看外边的世界,不愿意到大王庙上小学。唐须嫈不愿意耽误孩子的求学之路,只能听凭阿季的决定。

一天晚上,唐须嫈刚吃过晚饭,就喊阿季:"阿季,你的箱子有了,来拿。"

阿季跟随母亲进到那间没点洋油灯的房间,黑暗中唐须嫈再次问她:"你打定主意了?"

从旁边屋里透出一点点光,阿季隐隐约约能看到母亲,她想了想说:"打定了。"

唐须嫈不甘心地问:"你愿意去吗?"

在昏暗的屋里,阿季听到母亲掩饰不住的关切,忍不住泪流满面,12岁的她还是坚定地说:"嗯,我愿意去!"

这是阿季第一次默默流泪,以前都是哇哇地哭。她深知,这次到上海求学是要离开母亲了,只有暑假才能回家。她默默地整理了母亲专门为她准备的小箱子。

临别的时候,唐须嫈给阿季一枚崭新的银元。长这么大,阿季第一次拥有一枚属于自己的钱币,她把大姐给她的绣有一圈红花的细麻纱手绢和银元藏在贴身的口袋。她知道这是母亲和大姐的心意,里面藏着满满的爱……

阿季的右口袋装什么都可以,左口袋是她的宝库,装着让她珍惜的礼物。换衬衣的时候,阿季总要把叠成方块的手绢和银元贴身放好,生怕丢了。上海越来越热了,阿季不能穿衬衣了,只得把捂得又暖又亮的银元交给大姐收藏。

阿季到启明学校看什么都新奇，学校比起大王庙又大又气派，教室前的长廊是用花瓷砖铺的，东西两头隔着十几间教室，一间英文课堂竟然比大王庙小学还大。一个栽满植物的大花园依偎着长廊，在教室后面，还有一条又宽又长的长廊包围着一片空地，空地周围是草地，长着参天大树，直通到操场。

阿季喜欢荡秋千，刚好空地上有秋千架，她和新认识的同学在秋千上荡来荡去，暂时忘记了大王庙、忘记了旧日的同学。下课没有秋千坐，她就与同学玩跷跷板，在一上一下中，看着蓝天上的白鸽呼啸着飞来飞去，她觉得自己就是自由的白鸽，在蓝天上展翅飞翔。

阿季喜欢这个新奇的世界，喜欢这儿的高楼。白天在楼下上课，晚上到楼上睡觉，不同年级的学生住不同的楼层，新奇、有趣、规律的中学生活开始了。她无意中听到返校的同学喊修女："望望姆姆。"阿季问同学才知道这个是打招呼，意思是："姆姆，您好！"

阿季最羡慕那些本地的学生，学校放"月头礼拜"时，虽然只放假一天，家长会按时把穿戴漂漂亮亮的孩子接回家团聚。那些离家远的学生只能黯然神伤，把家里人想一遍又一遍。管饭堂的姆姆明白剩下的孩子很难过，为了不让她们哭鼻子，会专门把半蒲包"乌龟糖"送给孩子们，让她们嘴巴甜一点，心里的苦少一点。阿季觉得嘴巴吃得发酸了，舌头都吃厚了，也没减少想家的感觉。这样的低落情绪至少得等回家的同学回到学校才能恢复

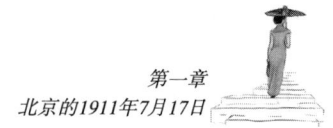

第一章
北京的1911年7月17日

正常。同学们聚到一起又开始调皮捣蛋，忘记不快乐的星期天。

其余的星期日，姆姆会带领穿戴校服、佩戴校徽的学生到郊外游玩、踏青。这样的时候同学们才觉得公平没有距离之分。学校有时候也会联系比较大的私家花园，到那里度过愉快的一天。阿季知道在学校要想学习描花，也就是学习绘画，得另交学费。绘画专业性较强，包括水彩画、油画、炭画，阿季没有报绘画班。在启明中学还有钢琴班，大家把弹钢琴叫"捐琴"，这样土里土气的称呼让阿季哑然。阿季最喜欢"散心"，学校规定，每次学生吃完饭不能坐下，不能在教堂停留，要到各处游玩、散步。

在学校里，阿季学习了很多新规矩，比如平时吃饭不准说话；遇到节日吃饭时可以说话，美其名曰："散心吃饭"；"没志气"是不乖的孩子，"小鬼"或者"小魔鬼"是淘气的孩子；上自修课时，想上厕所，先得问一问教台上端坐看书的外籍监守姆姆，同不同意"小间去"或"去一去"。监守姆姆有时不抬头就点头同意了。同学之间只要互相错开些"问准许"，就可以放心溜出去偷玩了……这样快乐的小狡黠阿季觉得好玩。

杨荫杭随后也来到上海，应邀成为申报馆的主笔。申报馆在上海的汉口路，阿季在父亲刚到时，去过一次。

又一个"月头礼拜"，大姐寿康找到阿季，把她的衣袖、裤腿拉展，说带阿季和三姐到一个地方去。

阿季不敢问姐姐到哪里去，可她非常开心，可以不用待在学校吃糖果了。阿季带着满心的疑惑跟随姐姐们穿过长廊走出校门，乘电车，又走了一段路才到目的地，寿康说："我们到申报馆了，走，进去看爸爸！"

胆怯的阿季进了申报馆，看到杨荫杭后，挨着爸爸坐在藤椅里，幸福地看着他们说话。

说了很久，杨荫杭笑着说："今天带你们去吃大菜。"

阿季从没吃过真的大菜，心想这次"吃大菜"有可能是西餐，不是真的吃菜，她担心用不好刀叉，别人笑话。细心的杨荫杭看出阿季的小心思，为减少她的顾虑说："你坐在爸爸对面，看爸爸怎么吃，你就怎么吃。"

阿季握着杨荫杭的两根手指，步行来到附近的青年会。杨荫杭穿哔叽长衫，阿季的小手缩在哔叽长衫袖管里。进了西餐室，杨荫杭找了靠窗的桌子，两个姐姐打横，阿季坐在杨荫杭对面。阿季学杨荫杭使用刀叉吃饭的样子像猴儿似的，毕竟使用筷子习惯了，一会儿叉，一会儿刀，用起来乱。阿季觉得很狼狈，尤其是在喝汤的时候，西餐的汤是一口气喝完的，阿季以为跟喝稀饭一样，喝喝停停。伺候阿季的侍者有几次想撤走她的汤，以为她不喝了，结果手伸过去，阿季又开始喝汤了。好尴尬啊！

杨荫杭看到这样的局面，小声对阿季说："喝不下的汤，可以剩下。"阿季才明白，如释重负。

回去的路上，他们不断笑话阿季喝汤太狼狈。阿季觉得不好意思。杨荫杭为缓解气氛问："阿季，哪一样最好吃啊？"

第一章
北京的1911年7月17日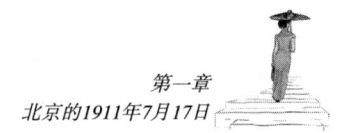

阿季老老实实回答:"我哪有心思品尝,一门心思用来对付那些刀叉了,我喜欢冰激凌,别的味道都有点怪。"

杨荫杭说:"多吃几次就习惯了,慢慢来。"

回到申报馆,到屋顶花园玩了一会儿,姐妹仨辞别杨荫杭返校了。这一顿西餐,成为阿季以后日子里难以抹掉的记忆。

苏州中学逐梦

阿季在启明女校只上了三年学，杨荫杭担心教会学校对孩子的思想有影响，就把三女儿、四女儿转移到苏州的振华女中求学。振华女中后来成为苏州市第十中学。

阿季在振华女中度过了求知若渴的青葱岁月，她的很多文学积累都是在这里完成的。16岁的阿季看起来只有13~14岁的样子，娇小灵动的她非常招人喜爱。

当时国内已经进行了北伐战争，学生要常常开群众大会，进行各种运动、游行。有一次，阿季被选去街上游行搞宣传，她不想站在板凳上呼吁过路群众闹革命，也不愿意参加这样的活动。

抛头露面在当时风气闭塞的苏州是很不体面的，有些轻薄的人会欺负女孩子。学校也知道这一点，曾明确规定，凡是家里不赞成的，可以不用开会、当代表游行了。

阿季满以为疼爱自己的父亲会说"家里不赞成"呢。结果

第一章
北京的1911年7月17日

杨荫杭直接拒绝了女儿的请求。他怕女儿难过,便讲了自己的经历:"我当江苏省高等审判厅厅长的第二天,张勋不知打败了哪位军阀胜利入京。江苏绅士联名登报拥戴欢迎。属下擅自把我的名字也列入其中,以为名字既已见报,我不愿也只好作罢了。我立即在报上登上一条启事,申明自己没有欢迎。我知道名气不可以假人。虽然这次事件后,别人认为我不通世故,我也认了。你知道林肯说的一句话吗?"讲完自己的经历,杨荫杭反问阿季。

看女儿没说话,杨荫杭又说:"Dare to say no?你敢吗?"

阿季不开心地回答:"敢!"

杨荫杭又说:"你不肯,就别去,不用借爸爸来挡。"

阿季急急地说:"不行啊,少数得服从多数呀。"

杨荫杭继续开导说:"该服从的就服从,你有理也可以说。去不去由你。"

到了学校,阿季只说:"我不赞成,我不去。"学校认为"岂有此理",却奈何不了她。当时上街演讲的同学,有些心怀鬼胎的军人非礼过她们,学校也不能及时进行保护。还有三位同学被当兵的邀请去吃饭,校长知道后很气愤,从此禁止女生上街游行。因为这些事的发生,校长认为阿季有远见,从此,她的"岂有此理"变成了"很有道理",受到老师和同学的赞扬。

杨荫杭认为女孩子身体娇柔,不宜过分用功。他对阿季讲述了在美国留学的女同学个个短寿,都是用功过度伤了身体的缘故。他常对阿季说:"我们班里有个同学,他是低能儿,虽然每门功课都是满分。"

阿季又聪明又机灵,学习不错,一次满分都没考过,听父亲这样说,便坦然起来。

杨荫杭培养了阿季广泛的兴趣和优良的素养。从小喜欢文学书籍的阿季,更是书不离手。杨荫杭知道她喜欢哪本书,便会爬扶梯到书橱去拿来放桌子上。一旦发现阿季长时间不读,杨荫杭一句话就不说会让那本书消失不见,这算是对阿季进行无声的谴责。阿季最爱的是父亲为她买的辞章小说。

有一次,杨荫杭问女儿:"阿季,三天不让你看书,你怎么样?"

阿季老老实实回答:"不好过。"

"一星期不让你看书呢?"

"一星期都白过了。"

杨荫杭笑着说:"我也这样。"

因为两人有相同的兴趣,所以杨荫杭在众多孩子中独宠阿季。他们像朋友一样相处,杨荫杭愿意爬上扶梯为阿季虔诚地挑选书籍。他也许不曾想到,正是在这日复一日、满是爱的宽松教育下,培养出了著名的教育家、剧作家、翻译家,成为大文豪夫人的女儿呢。

阿季最亲密的伙伴就是书籍了,父亲的影响与栽培,加之广泛的阅读,让她在文学创作上打下了坚实的基础。更何况苏州这个江南水乡弥漫着幽雅古韵、充满了诗情画意,一直是文人墨

第一章
北京的1911年7月17日

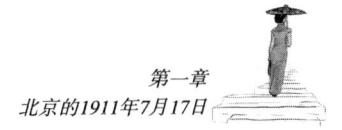

客驻足、提笔抒怀的地方呢!在这里,养育了多少灵秀聪颖的女子啊!

当时振华女中校长是明代大学士王鏊的后代,王季玉女士,她是留美博士,专职从事教育工作。回国后,她在苏州十全街的王家老宅院创建了学校,只在老宅院周围加盖了一些简陋的建筑。王季玉女士聘请各地名师授学,把学校打造成有先进教育理念的名校。

学生与校长、老师之间没有一点隔阂,大家一起用餐,一起讨论问题,随时可以交流。学校讲究自我治理,提倡每位同学参加劳动。阿季在校园里经常捡砖头、拔草。这里走出去的学生都有独立生活的能力,阿季在这里培养出"清水出芙蓉"的倔强和不服输的性格。

费孝通是阿季的同学,一直爱慕阿季,后来成为著名的社会学家。两人在振华是同学,在东吴大学、清华大学研究院也是同学。费孝通晚年住院时,已改笔名为杨绛的杨季康前去看望。医生听说这段故事,忍不住惊叹:"有缘,有缘。"

校长王季玉特别喜欢聪明的阿季,经常邀请阿季同桌吃饭。她只要从家里带好吃的菜肴,总要给坐在附近的老师同学分一勺,剩下的给阿季吃。阿季在东吴大学三年级时,王季玉为阿季争取到美国韦尔斯利女子大学的全额奖学金,生活费自理。阿季考虑到来回路费和生活费,主动放弃了出国深造的机会,这些是后话。在王季玉的偏爱、特殊照顾下,阿季逐渐收敛了淘气,变得沉稳起来。

随着接触面的拓展,阿季的认知水平和眼界也得到提升。她的英文课成绩一直名列前茅,她开始阅读英文版的书籍,不断阅读英文名著的阿季,英语基础愈加稳固。她读中国的古典诗词名著,在文学上也开始崭露头角。振华女校创办了校刊《振华女学校刊》,阿季成为投稿支持的积极分子。在1927年的第一期就发表了她两首五古诗,现在摘录一首以飨读者。

斋居书

松风响飕飕,岑寂苦影独。破闷读古书,胸襟何卓荦。有时苦拘束,徘徊清涧曲。俯视溪中鱼,相彼鸟饮啄。豪谈仰高人,清兴动濠濮。世人皆为利,扰扰如逐鹿。安得傲此游,翛然自脱俗。染丝泣杨朱,潸焉泪盈掬。今日有所怀,书此愁万斛。

这首淡泊明志的诗,如果不标注杨季康写的,谁能知道这仅仅是16岁少女之作!

在振华女中上学时,杨家从上海迁往苏州,在庙堂巷购买了一所明朝的旧宅。据说是明朝一位名人的府邸。杨荫杭买来后,用了两年的时间进行重新修葺,使得原先破败无人居住的院落焕然一新。张謇是杨荫杭的朋友,为其乔迁新居题字"安徐堂"。

阿季的父母在院子里为儿女们安装了一个秋千。这个秋千成为阿季最喜欢待的地方,坐在秋千上看会儿书,看累了,仰头望

第一章
北京的1911年7月17日

望飞过的鸟儿，飘过的白云，为书里的人物欢心难过。在秋千上阿季度过了爱做梦的美好年华。

杨家注重培养孩子的全面发展，更注重给子女舒适的生活空间，阿季在四季芳菲的后花园和家人朝夕相处，享受江南特有的舒适环境。无论是谁，想想江南鲜花盛开的春日，一个妙龄少女手捧书本坐在秋千上，周围蜻蜓、蝴蝶飞舞着，鸟儿在树上唱歌，院墙外有人走过，花香淡淡而来，谁见了不是嘴角上扬、愉悦之情从心底而生呢！

在那随风摆动的秋千上，是否飞扬了少女轻盈的梦，谁又能说得清楚呢？

阿季在北京出生，2个月大时到上海，4岁返京，然后又居苏，又返上海，再返杭，小小的人儿一路迁徙，从小婴儿成长为亭亭少女。她融合了不同地域女子的气质，在她身上既能看到北京姑娘的大气爽朗，又能体会苏杭姑娘的灵秀温柔，还有上海女子的精致好强。阿季在成长的过程中不自觉地撷取了这些优点，让她在漫长的人生里从容面对不同的境遇。阿季在振华度过了无忧无虑的中学生活，沐浴着父母与老师的关爱，逐渐展开了飞翔的翅膀。

无字的笔记

如果说青春是一场盛开的花季,那么,就让所有成长的少女展露红颜,在时光的流域中绽放吧!

1926年,阿季上高中一二年级时,振华女校教务长王佩诤先生办了个"平旦学社",在暑假期间,每个星期都邀请名人讲学。有一次邀请章太炎先生到学校给学生讲述掌故。王佩诤先生让阿季做记录,阿季满口答应了,她以为做笔记就是做记录呢,再说听大学者讲学,不做笔记哪行?

好不容易等到那一天,阿季的大姐也要去,她换衣服打扮自己用了很长时间。阿季只能焦急地等待。姐妹俩赶到苏州青年会大礼堂,已经开讲了。里面挤满了人,连沿墙、座位空隙都临时加了板凳。阿季好不容易看见一个地方能容下一个人,打算厚着脸皮挤过去,坐在那儿好好听讲学。忽然,一位办事员喊阿季上台,说她的位置在台上。这时阿季往台上走,瞅到章太炎先生

第一章
北京的1911年7月17日

正侃侃而谈，位于他左侧端坐着王佩诤先生，紧挨着是教国文的马先生、金松岑先生，这三位元老级别的老师正在做记录。位于章太炎先生右侧坐着金松岑先生的亲戚，也是一位才貌双全的教师。阿季明白，靠右边空着的位置是留给自己的。她万万没有想到自己要上台做记录，还要跟那些高级别的教师同台记录。阿季面对台下乌压压的人又紧张又害怕又羞愧。想想事先答应教务长做记录，不能失信没有担当。阿季左思右想之后，还是坐在了属于自己的座位上。章太炎先生看到这样一个女孩子坐上来很是诧异，他看了阿季一眼，没有停顿继续讲掌故。阿季满怀羞愧地坐在记录席上，看到面前的小桌子上有一支毛笔、一方砚台和一叠毛边纸。

阿季看几位老师笔尖不停认真地做着记录，台下的听众也有做笔记的。想到自己还没练好毛笔字，字迹难看不说，握笔的姿势还像拿扫帚一样，这是老师比较贴切的比喻。其他老师潇洒自如，头都不抬奋笔疾书，想想自己坐在这里已经没有退路，只得磨墨、铺纸，提笔记录。

阿季拿起笔，才发现竟然听不懂先生说的杭州官话，这可是致命的问题。作为一个记录员听不懂主讲者说什么，这不是严重失职是什么？她不知章太炎先生谈掌故，说的是何人何事。她想自己坐在记录席上听不懂，不知从何处记，不会记，怎么办？难道假装在仔细记录？不如乱写吧，可写好交卷怎么交代呢？就算是乱写，也要写得很快才像在记录吧。又不能冒充张天师画符，她也没画过符啊。如果在台上画圈圈，画杠杠，万一给人识破岂不是更糟。于是，阿季考虑了很久，放下笔，开始静下心来听章太炎先生讲课。

阿季专心致志地听讲，还是听不懂一句，她只好眼睁睁看章太炎先生谈掌故。阿季使劲地看，恨不得把他讲的话都看进眼里，觉得这样才能把掌故记住。这样是徒劳的，虽然阿季距离章太炎先生很近，全场也许就她能看得最清楚，阿季看到章太炎先生鼻子里塞了一个小小的纸卷儿，想起别人说章太炎先生有"脑漏"病的事，难道脑子真的能从鼻子漏掉吗？从鼻子里塞纸卷儿能止住脑漏病，真是稀奇！阿季觉得不可能，也许先生流鼻血了，看看不像；也许流脓了，更不可能；也许是流鼻涕了，这点是可能的。看，阿季倒是看得仔细，唯一的缺点是不知所云。

章太炎个子不高，苍白的细长脸上戴一副老式眼镜，穿一件半旧的藕色绸长衫，面对听众侃侃而谈，同时还频频回头看那个一字不写的记录员。那位记录员是正值花季的15~16岁少女，脚穿一尘不染的白鞋子白袜子，身穿淡湖色纱衫，得体的白色长裤，漂亮的脸蛋上，点缀着茫然的大眼睛，一条又粗又短的辫子油光闪亮。这明明是标准的中学生，此刻正呆呆地、高高地坐在记录席上，多么奇怪啊！

台上的阿季只能假装认真听课，傻傻地看着章太炎先生，不敢往台下看，她知道台下的人肯定在看她，为什么傻坐着不写字、不记录。她内心焦躁不安、如坐针毡，表面却稳如泰山、面

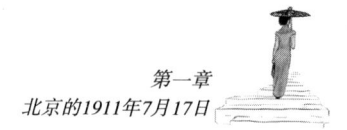

第一章
北京的1911年7月17日

无表情。阿季觉得时间好漫长啊,一个小时这么难熬。一句都听不懂的阿季想,掌故岂是人人能懂的!如果在国文课上听老师讲典故,好好听足够学习了。现在才后悔上课的时候不好好听讲,挤在一起听章太炎先生谈掌故,竟然听不懂。那么,别的同学能听懂吗?阿季看着台下密密麻麻的人头想不通,我听不懂,别的同学能听懂吗?看着大家认真的表情,阿季想,这难道真的是典型的名人崇拜?也算是无识学子的势利眼吧!

章太炎先生终于讲完了掌故,大家开始散去。办事人员来拿着阿季的空白记录纸,对阿季说:"你别忙着走,待会儿还有招待会。"阿季找不到大姐,一个人呆站在人群中,没人告诉她到哪里去,也没人来招呼她该怎么做。人走得差不多了,阿季一不做二不休,赶快溜之大吉,摆脱了这千年尴尬。

摆脱了暂时的尴尬,却摆脱不了媒体的报道。第二天,苏州报纸的新闻让阿季很委屈,报上说:章太炎先生谈掌故,有个女孩子上台记录,却一字没记。

不出阿季所料,等到开学,同学们把这个新闻当作笑料大谈特谈。马先生无奈地对阿季说:"杨季康,你真笨!你不能装样儿写写吗?"

多年以后,杨绛还是感到说不出的委屈,她在文章中为自己申冤:"我只好服笨。装样儿写写我又没演习过,敢在台上尝试吗!好在报上只说我一字未记,没说我一句也听不懂。我原是去听讲的,没想到我却是高高地坐在讲台上,看章太炎先生谈掌故。"

这就是杨绛，不做弄虚作假的事，不说虚情假意的话；知之为知之，不知为不知，不装腔作势，做事大大方方。

也许当年的教务长让阿季做记录，只是走个形式，没有指望她能记录什么。处在妙龄期的阿季哪能想到这些。"看"章太炎先生讲掌故，在年老的杨绛心中已经释怀。曾经的尴尬，如今想来只有坦然。

阿季在学校里锻炼了各种能力，成为"英文会""演讲会"的会长。虽然担负两项职务，她的成绩依然稳打稳名列第一。6年的课程，阿季用5年修完，金陵大学以第一名的成绩录取了她。同时，东吴大学也准予她面试入学。

1928年，阿季在苏州振华女中毕业了。为了感谢母校的栽培，阿季班里的同学在校园西北角的梅岭上，建了一座己巳亭，这是毕业生献给母校的纪念物。从阿季这一届开始，班级毕业总会给母校留下感恩亭。

第二章
大学铸就芳华

在这一章里,得把阿季叫杨季康了。因为她已经脱离了稚气,走入成年的殿堂,阿季这个爱称用在18岁以前还算恰当。

杨绛传 简朴的生活，高贵的灵魂

东吴大学圆梦的才女

璀璨的青春需要不断进取才能绽放芳华。1928年，17岁的杨季康以优异的成绩考入南京金陵女子文理学院与东吴大学。上大学注定有不一样的相遇，不一样的结局。杨季康原本计划考清华大学的，无奈那一年清华不到南方招生，只得作罢。

杨季康是杨家第一个上大学的孩子，一家人都高兴，不管是杨荫杭还是唐须嫈都对她寄予了厚望。

在杨季康选择哪所学校时，中学师长王季玉先生也提出了中肯的建议。之前，为了让子女能保持自由的思想，杨荫杭果断为孩子转过学。在杨季康择校的问题上，杨荫杭认为东吴大学招收男生，相比金陵女子大学而言更有利于女儿自由发展、活跃思想。

杨季康根据大家的意见，听话地选择了离家近的东吴大学。从两个月起，她就跟随父母不断迁徙，居无定所，好不容易有个家园，恋家也是难免的。在苏州读书能随时和家人见面，这对于

第二章 大学铸就芳华

杨季康来说才是最好的选择。毕竟在颠簸的日子里，父母好不容易有个安静的港湾，能陪在他们身边才是子女最大的心愿啊！无论这个孩子有多大、多成熟。家，永远是孩子恋恋不舍的地方。

东吴大学的环境比杨季康之前上的几所学校都要好。尽管五四运动开展得轰轰烈烈，到东吴大学上学的女生还是很少。虽然民主风潮很盛行，人们的思想观念发生了一定的改变，但是当时的社会风气还是很保守的。纵观当时的教育界，男女同校为数不多，很多大学向男生开放，对女生却关上了大门。

东吴大学的女生宿舍造型典雅美观，是一所清静幽雅的小洋楼。墙壁上爬满了郁郁葱葱的爬山虎，只有窗户没被遮住，透着充足的阳光，从窗外可以观赏到盛开的百花、纷飞的蝴蝶。

杨季康和同学总是不满足于在宿舍内享受阳光的慷慨，她们总是想尽办法在校园里散步。为了保护女生的安全，学校舍监限制了女生的活动时间。女同学为了散步的自由找舍监理论，理论也不行啊，毕竟从封建社会向新时代过渡需要不断发展，尤其是在男女同校的问题上，那是不能有丝毫马虎、出不得差错的。女生怎能理解校方的苦衷呢？

杨季康一开始并没有选择好学习什么样的专业，毕竟选择好了专业就决定了未来的发展方向，在学校里就要一门心思学习，朝这个方向努力。在选择专业上杨季康想起父亲病危时，她在他病榻前认真考虑未来出路的情景：那时，父亲如果没了，她也许会沦为普通的人，因为无钱求学而碌碌无为地度过此生。

杨 *绛传 简朴的生活，高贵的灵魂*

这次杨季康又在严肃地考虑着专业的问题：她想做救死扶伤的医生，像南丁格尔那样，可是上解剖课时，她连一只螃蟹都不敢解剖，只得放弃；她想当伸张正义的律师，像父亲那样仁慈，可想想父亲的仕途几经浮沉、大起大落不得志。加上杨荫杭说："涉世太深的女子未必能够拥有平凡的心境和快乐的生活，我不希望你看到这世间太多的不平，你只需要拥抱最有诗意的生活，度过云淡风轻的一生就好。这个世界没什么该不该，喜欢什么就学什么。"

杨荫杭的话暗合了杨季康潜藏在内心的想法，她选择了义科的政治系。从专业的选择上，杨季康才知道东吴大学并不适合自己。她想修的文学专业没有，只能选择并不太感兴趣的政治学。

17岁的杨季康在学校里能诗会文、演奏乐器、唱昆曲、讲一口流利的英语，刚开学就成为校园里最美的风景。大学生已经知道爱慕异性了，有爱慕者为她写了一首诗：最是看君依淑姊，鬓丝初乱颊初红。

杨季康看完淡淡一笑不予理会。在体育馆的记分牌上，有人画了她的卡通简笔头像，杨季康看了也觉得画得好像自己，那么可爱。是啊，这么可爱有才的少女谁不想办法追求呢？

杨季康在年级里年龄最小，却是天资出众的。很快她从害羞腼腆到落落大方，很快融入英才济济的东吴大学，并奠定了才女的地位。

杨季康喜欢睡懒觉，改不掉淘气的禀性。每天早晨起床后，她总是随便洗把脸就冲向教室，有时候，老师已经开始讲课了。

第二章
大学铸就芳华

她也经常戏弄同学,用馒头捏成虫子,放在同学的笔记本上听她们的尖叫。进入大学的杨季康,依然有顽童般的眼睛,她一直不断寻找身边的乐趣。小小的她学习成绩依然骄傲地排在第一,这不仅让人羡慕、抓狂,还无法超越。

杨季康把当天的专业课知识学会,便躲进图书馆看中外名著,在名著里感悟人生、陶冶情操。在以后的岁月里,她大部分时间都在书本里寻找自由。这样一个天资出众的才女,即使某段时间不太用功,应对考试也很轻松,在快毕业时,她和另外两人得到全校"纯一等"的好成绩。

杨季康和大姐认识一位比利时老师,在她的辅导下学习了法文。杨季康没想到学习这门语言,会在某一天到法国与人交流沟通。杨季康学习法语很快,语法准确、表达纯熟、记忆超群,水平让老师惊叹。

这个生于北国长在南方的女孩,最向往的知识乐园还是清华大学,这成为她少女时代最大的遗憾。她经常触摸这个藏在心里的梦,想要朝着这个梦靠近。

命运女神又一次眷顾了这个女孩,将她推到了梦想面前。

人和人的缘分是如此奇妙,如果不是东吴大学在1932年初因学潮停课,杨季康可能会走向另一段人生路。学潮爆发后,学校与外界失去了联系,杨季康不想把求知的年华浪费在无望的等待中,就巧妙地设计带着同宿舍的好友逃出了学校。随后,她说服家人同意他们北上,又联系费孝通办理了借读燕京大学的手续。一切安排妥当后,杨季康和五名同学从苏州坐火车到南京,再坐轮船过长江,换乘火车继续北上,经过三天的奔波终于到达北平。

费孝通接待了五人,带领他们参加了燕京大学的入学考试。考试结束后,杨季康去看望在清华大学就读的好友蒋恩钿,同行的还有孙令衔,他要去看望表兄钱钟书。正是这一次,杨季康放弃到燕京大学就读的机会,决定在清华大学借读圆梦。她觉得如果攻读不喜欢的专业,就算混得一纸文凭又如何,不如静下心学习喜欢的专业。

有人对梦想做了总结:梦想内在的秘密和规律,那便是吸引力定律。一个人追求的事物,总会被一种神秘的力量推到身边,也就是我们常说的心想事成。这个奇怪的现象显然不符合科学,但在我们生活中许多的案例都可以印证。也许是杨季康内心的磁场发挥了作用,也许是她不断努力和付出有了回报,在战乱的旧中国,她真的步入清华的殿堂,成为一名清华学生。在这里,她终于可以研修喜欢的外国文学,放弃不喜欢的政治学。年少时的梦想使她在这里露出了美丽的笑颜。正如她晚年时自嘲:"我既不能当医生治病救人,又不配当政治家治国安民,我只能就自己性情所近的途径,尽我的一分力。如今我看到自己幼而无知、老而不成,当年却也曾那么严肃认真地要求自己,不禁愧汗自笑。"

一个人可以没有经验、没有学问、没有天才,只要有一颗向上的心就够了。杨季康说到也做到了。

第二章
大学铸就芳华

清华大学铸英才

在杨季康的心目中,清华是久存于心的圣地,那里有适合她读的专业,可以满足她对文学的向往与追求。虽然在四年前她与清华无缘,但没有放弃的信念终于让她走进清华。

杨季康为什么独独钟情于清华大学呢?这不仅仅是清华历史悠久的原因,还源于一段跌宕起伏的故事:

爱德蒙·詹姆士是美国伊利诺大学校长,他于1906年初给美国总统西奥多·罗斯福送了一份备忘录,主要内容是要求美国政府加速吸引中国留学生到美国去。

这一年的3月6日,罗斯福总统在白宫会见了美国传教士明恩溥。明恩溥建议将庚子赔款退还一部分,用来建设中国的学校,吸引中国青年到美国留学。次年明恩溥在《今日的中国和美国》中指出:应该多让一些中国知识分子去美国留学。

1911年初,专门用来培养赴美留学生的清华留美预备学校正式成立。清政府灭亡之后,庚子赔款继续用于选拔留学生,以奖学金的方式提供给清华大学。

清华学校在1925年设立了大学部;1928年正式改为国立大学;1929年成立清华研究院。清华研究院的外国语文学系任课老师,都是大名鼎鼎的人物,有王文显、吴宓、朱传霖、陈福田、黄中定、黄学勤、张杰民、楼光来、温德、吴可读、施美士、毕莲、翟孟生、谭唐、谭唐夫人等。

清华大学外国语文学系的学生,可谓是人才济济,不少人走上了话剧表演和剧本创作的道路,像人们熟知的李健吾、曹禺等。

优秀的老师更有概率培养出优秀的学生,对于杨季康来说,当时把她领进剧本创作,并影响深远的是著名的戏剧家——王文显先生。正所谓先生领进门,修行靠个人。

王文显先生从小由英国人抚养长大,获伦敦大学学士学位,先后担任伦敦《中国报》编辑、中国驻欧洲财政委员、英国报界公会会员职务。后来回国就职于清华大学留美预备部,兼任代理校长和副校长。清华改为大学后,任外文系教授兼系主任。他开设的课程有《近代戏剧》《戏剧概要》《戏剧专题研究》《莎士比亚》《莎士比亚研读》《外国戏剧》等。

听过王文显先生课的校友评价:"他的英文讲得太好了,不但纯熟流利,而且出言文雅,音色也好……听他叙述英国威尔逊教授如何考证莎士比亚的版本,头头是道,乃深知其于英国文学的知识之渊博。"

第二章
大学铸就芳华

杨季康最初一点不知道西洋戏剧为何物,听过王文显先生的课后,开始由陌生到熟悉再到喜爱,逐步走上戏剧创作之路。可以说,杨季康的成长与王文显先生的授课有直接的关系。

在杨季康创作的道路上,还有一盏明灯指引着她往前走,那就是吴宓先生。吴宓师从白璧德,清华毕业,留学到弗吉尼亚大学英文系深造,又转入哈佛大学文学系,获得哈佛大学硕士学位。回国后,吴宓任南京东南大学外文系教授、清华国学研究院主任。他教授的课程主要是《翻译术》,注重培养学生的动手能力,提高学生的翻译水平,实现了理论性与实践性的统一。正是这一系统的教学,为杨季康的文学翻译打下了扎实的基础。

当杨季康考入清华研究院时,钱钟书从清华毕业了。不过二人经常有书信往来。钱钟书遇到问题总会借杨季康之手向吴宓先生请教。杨季康听吴先生课时,帮钱钟书递个纸条子或者转交一封信件,有时也去吴先生居住的西客厅递信。

杨季康在回忆录中记述:"有一次我到西客厅,看见吴先生的书房门开着,他正低头来回踱步。我在门外等了一会儿,他也不觉得。我轻轻地敲敲门。他猛抬头,怔一怔,两食指抵住两太阳穴对我说:'对不起,我这时候脑袋里全是古人的名字。'这就是说,他叫不出我的名字了。他当然认识我。我递上条子略谈钟书近况,忙就走了。"

杨季康对吴先生的感情是复杂的,崇敬的同时觉得他是"一位最可欺的老师""老实得可怜",虽然有同学说他"傻得

杨 绛传 简朴的生活，高贵的灵魂

可爱"。

杨季康说她有这样的想法，皆因：

当时吴先生刚出版了他的《诗集》，同班同学借口研究典故，追问每一首诗的故事。有的他乐意说，有的不愿说。可是他像个不设防的城市，一攻就倒，问什么，说什么，连他意中人的小名儿都说出来。吴宓先生有个滑稽的表情，他自觉失言就像顽童自知干了坏事那样，惶恐地伸伸舌头。

他意中人的小名并不雅驯，她本人一定是不愿意别人知道的。吴先生说了出来，立即惶恐地伸伸舌头。我代吴先生不安，也代同班同学感到惭愧。作弄一个痴情的老实人是不应该的，尤其他是一位可敬的老师。他老是受利用、被剥削上当受骗。

吴先生又不是糊涂人，当然能看到世道人心和他的理想并不一致。可是他只感慨而已，还是坚持自己一贯的为人。

可能是吴先生在外国留学的缘故，不是说有学问的人都是绅士吗，他只是不愿意计较而已，并非无知无觉。毕竟视而不见才能互不相干。其实，杨季康对吴先生的担心是多余的，那么多名师云集清华，有点瑕疵也是正常的，毕竟千人千面，不能一概而论。

杨季康还是喜欢到图书馆读书，尤其是清华大学的图书馆。那里收藏的图书不计其数，只能用海量来形容。杨季康为表达对

第二章
大学铸就芳华

图书馆的钟爱,特意写了《我爱清华图书馆》,字里行间无不透着由衷的赞美。

早在杨季康借读清华大学,跟随蒋恩钿参观图书馆时,她就深深地爱上了这个地方。几十年过去了,当初蒋恩钿谈起图书馆那骄傲的神情和语气仍历历在目。蒋恩钿是这样介绍的:"墙是大理石的!地是软木的!楼上书库的地是厚玻璃!透亮!望得见楼下的光!"

进入图书馆后,杨季康跟随蒋恩钿进行了感官体验。"地,是木头铺的,没有漆,因为是软木吧?我真想摸摸软木有多软,可是怕人笑话;耐下心伺得机会,乘人不见,蹲下去摸摸地板,轻轻用指甲掐掐,原来是掐不动的木头,不是做瓶塞的软木。据说用软木铺地,人来人往没有脚步声。我跟她上楼,楼梯是什么样儿我全忘了,只记得我上楼只敢轻轻走,因为走在玻璃上。后来一想,一排排的书架子该多沉呀,我蹾脚走也无妨。"

这样人性化设计的图书馆,哪个学子不渴望进去,在知识的海洋里遨游一圈又一圈呢。

提到清华大学的厕所,杨季康也眉飞色舞,"厕所是不登大雅的,可是清华图书馆有关的女厕所不同一般。我们走进一间屋子,四壁是大理石,隔出两个小间的矮墙是整块的大理石,洗手池前壁上,横悬一面椭圆形的大镜子,镶着一圈精致而简单的边,忘了什么颜色、什么质料,镜子里可照见全身。室内洁净明亮,无垢无尘无臭,高贵朴质,不显豪华,称得上一个雅字。不过那是将近七十年前的事了"。七十年前的清华卫生间已经雅到让90多岁的杨季康念念不忘，除了高贵质朴，更多的还有不能忽视的文化氛围。

1933年，杨季康考入清华大学研究院后，和图书馆建立了深厚的感情。她回忆起与图书馆有关的点点滴滴，仿佛带着漫长岁月久别重逢的感觉："我做研究生时，一人住一间房，读书何必到阅览室去呢？想一想，记起来了。清华的阅览室四壁都是工具书：各国的大字典、辞典、人物志、地方志等，要什么有什么，可以自由翻阅；如要解决什么问题，查看什么典故，非常方便。这也可见当时的学风好，很名贵的工具书任人翻看，并没人私下带走。"

杨季康对于读书体会很多："我曾把读书比作'串门儿'，借书看，只是要求到某某家去'串门儿'，而站在图书馆书库的书架前任意翻阅，就好比家家户户都可任意出入，这是唯有身经者才知道的乐趣。我敢肯定，钱钟书最爱的也是清华图书馆。"

书籍是人类进步的阶梯，爱好读书的人，从一个地方到另一个地方，总会找到书的海洋，从墨香之中找到知己。这种感觉不需说给外人听，只需在静静的时光中随心翻阅、品读，让身心穿梭于时空之中，享受那份外人不能体会的快感。

第二章
大学铸就芳华

最好的遇见

清华大学研究院鼓励研究生跨系选修课程。喜欢文学的杨季康选修了中文系写作课。当时朱自清(1898年—1948年)任中文系的授课老师,他脍炙人口的代表作是语文课本里的《背影》:我读到此处,在晶莹的泪光中,又看见那肥胖的、青布棉袍黑布马褂的背影。唉!我不知何时再能与他相见!这篇回忆散文写于1925年。

杨季康听了朱自清的创作课后,开启了文学创作的大门,这一写再没有停下来。

朱自清的文学批评和文学理论造诣也很深,最擅长的是写散文。朱自清的文风接地气,读起来有画面感,像老电影回放,不自觉让人眼眶湿润、心潮澎湃,他的散文在现代文学史上占有重要的地位。像他的《荷塘月色》《背影》等家喻户晓,成为写作者模仿的典范。正是朱自清的慧眼发掘了杨季康文学创作的潜质。

　　朱自清和杨季康，在他们经历的岁月里为文坛创造了神话。杨季康在求学期间，不管是思想还是阅历都无法和朱自清相比，她的成就偏偏是朱自清挖掘的，这不得不说是文坛的一段佳话。一个人遇到对的导师会少走弯路，更易接近成功。在最好的求学年龄，杨季康遇到朱自清，冥冥之中仿佛已经注定。他在那里，她来了。朱自清如在大海里打捞珍珠，杨季康是最完美、最闪亮、最成熟的那一颗，只等朱自清轻轻一撬，就从贝壳里发出璀璨的光芒。成功经常与那些不努力的人擦肩而过。杨季康的文学积累是奠定其文学成就的砝码，体现了她文学思想、行文腔调。如果不遇到朱自清，杨季康的文学创作之路也许还要等待很久。

　　在朱自清的点拨下，拥有轻盈灵魂的杨季康经过时间的沉淀，那些融入骨子的积累得以绽放。虽然对世事还一知半解，对人生，她已经有了自己的感悟，写下的文字已经带着几分成熟的味道。

　　朱自清给杨季康第一堂课布置的作业是：写一篇"收脚印"的文章。这个题目看起来好奇怪，如果对某个地方的风俗不了解，根本不知道写什么。

　　在南方"收脚印"的意思是人死之前，会沿着一生中走过的路再从头走一遍，回顾一生难忘的人和事。这个命题存在一定的难度。毕竟一个将死之人，在脑中回放自己的一生，别人是不知道的。已经不能言语的人怎么回顾的、怎么收的脚印都是不可想

第二章 大学铸就芳华

象的。毕竟活着的人没死过,死过的人也不会分享死的经验。

22岁的杨季康,阅历尚浅,却写出了思想深刻的文章。

《收脚印》写于1933年,是杨季康读研究生时的作业,也是处女作,收录于1994年出版的《杨绛散文》集中。在《附记》中,杨季康写道:"这是我在朱自清先生班上的第一篇课卷,承朱先生称许,送给《大公报·文艺副刊》,成为我第一篇发表的写作。留志感念。"

在《收脚印》里,杨季康用淡雅、意蕴深厚的笔墨抒发了对社会、对摆脱稚气生活后的感触。这篇文章在她的一生中起到举足轻重的作用,摘抄如下,以飨读者:

听说人死了,魂灵儿得把生前的脚印都给收回去。为了这句话,不知流过多少冷汗。半夜梦醒,想到有鬼在窗外徘徊,汗毛都站起来。其实有什么可怕呢?怕一个孤独的幽魂?

假如收脚印,像拣鞋底那样,一只一只拣起了,放在口袋里,捎着回去,那么,匆忙地赶完工作,鬼魂就会离开人间。不过,怕不是那样容易。

每当夕阳西下,黄昏星闪闪发亮的时候;西山一抹浅绛,渐渐晕成橘红,晕成淡黄,晕成浅湖色,风是凉了,地上的影儿也淡了。幽僻处,树下,墙阴,影儿绰绰的,这就是鬼魂收脚印的时候了。

守着一颗颗星,先后睁开倦眼。看一弯淡月,浸透黄昏,流散着水银的光：听着草里虫声，凄凉地叫破了夜的岑寂。人静了，远近的窗里，闪着星星灯火，于是，乘着晚风，悠悠荡荡在横的、直的、曲折的道路上徘徊着，从错杂的脚印中，辨认着自己的遗迹。

这小径，曾和谁谈笑着并肩来往过？草还是一样的软，树荫还是幽深遮盖着，也许树根小砖下，还压着往日襟边的残花。轻笑低语，难道还在草里回绕着吗？弯下腰，凑上耳朵只听得草虫声声地叫，露珠在月无下冷冷地闪烁，风是这样的冷。飘摇不定地转上小桥，淡月一梳，在水里瑟瑟地抖。水草懒懒地歇在岸旁，水底的星影像失眠的眼睛，无精打采！闭上又张开。树影阴森地倒映水面，只有一两只水虫的跳跃，点破水面，静静地晃荡出一两个圆纹。

层层叠叠的脚印，刻画了多少不同的心情。可是捉不住的已往，比星比月亮都远，只能在水底见到些儿模糊的倒影，好像是很近很近的，可是又这样远啊！

远处飞来几声笑语。一抬头，那边窗里灯光下，晃荡着人影，啊！就像清淡的几缕光线，隔绝着两个世界吗？避着灯光，随着晚风，飘荡着移动重重脚印，风吹草动，沙沙地响，疑是自己的脚声，站定了细细一听，才凄惶地惊悟到自己不会再有脚声了。惆怅地回身四看，周围是夜的黑影，浓淡的黑影。风是冷的，星是冷的，月亮也是冷的，虫声更震抖着凄凉的调子。现在是暗夜里伶仃的孤魂，在衰草冷露间搜集往日的脚印。凄凉惆怅

第二章 大学铸就芳华

啊！光亮的地方，是闪烁着人生的幻梦吗？

灯灭了，人更静了。悄悄地滑过窗下，偷眼看看床，换了位置吗？桌上的陈设，变了吗？照相架里有自己的影儿吗？没有……到处都没有自己的份儿了。就是朋友心里的印象，也淡到快要不可辨认了罢？端详着月光下安静的睡脸，守着，守着……希望她梦里记起自己，叫唤一声。

星儿稀了，月儿斜了。晨曦里，孤寂的幽灵带着他所收集的脚印，幽暗地消失了去。

第二天黄昏后，第三天黄昏后，一夜夜，一夜夜：朦胧的月夜，繁星的夜，雨丝风片的夜，乌云乱叠、狂风怒吼的夜……那没声的脚步，一次次涂抹着生前的脚印。直到那足迹渐渐模糊，渐渐黯淡、消失。于是在晨光未上的一个清早，风儿带着露水的潮润，在瞌睡的草丛落叶间，低低催唤。这时候，我们这幽魂，已经抹下了末几个脚印，停在路口，撇下他末一次的回顾。远近纵横的大路小路上，还有留剩的脚印吗？还有依恋不舍的什么吗？这种依恋的心境，已经没有归着。以前为了留恋着的脚印，夜夜在星月下彷徨，现在只剩下无可流连的空虚，无所归着的忆念。记起的只是一点儿忆念。忆念着的什么，已经轻烟一般地消散了。悄悄长叹一声，好，脚印收完了，上阎王处注册罢。

这篇超凡脱俗、清丽婉转的文，读完能让人于清幽处寻得人生真谛。

杨绛传 简朴的生活，高贵的灵魂

朱自清对这篇上乘佳作赞不绝口，他推荐给任《大公报·文艺副刊》编辑的沈从文，很快署名杨季康的文章发表了。

杨季康第一次发表文章，激动的心情可以想象。当时《大公报》的稿费是5元，杨季康怀着我是作家的心情，决定把这笔稿费花在有意义的事上。她买了4块钱的毛线，为母亲织围巾，买了1块钱的天津起士林咖啡糖。围巾织好后和咖啡糖一起寄回家。放寒假回家时杨季康才知道，两个妹妹将围巾拆了，咖啡糖也吃完了。

之后，杨季康开始尝试写短篇小说，写了一篇《璐璐，不用愁！》，这篇文章也得到朱自清的赞许，推荐给了《大公报》刊登在《文艺副刊》上，后来林徽因将这篇文章选入《大公报丛刊小说选》中。

人生最好的遇见是：才华互相吸引。就像杨季康在清华遇到朱自清，朱自清因她的才华将她推荐给沈从文，然后结识林徽因。这些都是我们熟知的著名作家，他们点燃了那个时期的焰火，让我们在旧时光里，找到当初的入口。所有的遇见，都是最好的安排。

第二章
大学铸就芳华

邂逅白马王子

风华正茂的才女少不了追求者,从东吴大学到清华大学,追求她的男子无数,还没有一个男子能叩开她的心扉。当女同学们和男友在花前柳下谈情说爱时,杨季康总是独坐一隅看书、写字,耐得住寂寞,不为别人的爱情所动。

难道,这一切都是为了等他出现?

三月是浪漫的季节,也是适合偶遇相恋的季节,红的花、粉的花开成这一片那一片,绿树婆娑,一片生机勃勃。清华大学女生的宿舍楼叫古月堂,学校规定是男生的禁地。每当夜晚来临,门外总会站着痴情的男生等着约会,不管春夏秋冬,男生不停换,女生不停换,不变的是古月堂的门,那跟着变得焦灼的身影,那"千呼万唤始出来"的心上人。古月堂的门好像被春天弄得晕乎乎,上天好像冥冥之中安排好了一切,它要做的是等待,等待一场浪漫的邂逅,它是见证者,见证一场旷世奇恋。

杨绛传 简朴的生活，高贵的灵魂

那是风和日丽的一天，丁香、紫藤盛开，花香袭人，好戏如期开场。钱钟书和孙令衔按照学校的规定，眼巴巴地站在古月堂门外。杨季康从门内走出，看到了戴一副老式眼镜、身着青布大褂、脚踏毛布底鞋，满身儒雅气的钱钟书。孙令衔介绍他俩认识后，四目相对，便产生了情愫。

一见钟情的真谛：不管是谁，当你爱的那个人出现，只需要一眼，就知道等待一世又一世的那个他在眼前。那嘴角淡淡的愁，那眉眼微微的笑，那如兰的气息，早就了然于心，在梦里回顾千次万次。

他们的相遇便是如此，不需要言语，不需要表白，只需要四目相对，爱由萌芽瞬间变成大树。旁观者还在叽叽喳喳，她的世界只有他，他的世界也只有她。彼此入了心，像一朵花儿盛开心间，芳香馥郁。

他眉宇间的"蔚然而深秀"深深打动了她，觉得他是自己"前世的人"；她似蹙非蹙的双眉笼住了他的心，从此逃不开她明眸善睐的双眼，逃不开心中的怦然心动、反复纠缠、一见钟情。这一眼，没有了隔阂，好像认识了很久。他们忘记了孙令衔、忘了时间、忘记世界的存在。

其实，他们好多年前应该见过的，当时，杨季康的父母带她到过钱钟书家，那时他们没有交集。正如茫茫人海里，我不知道自己的那根肋骨在哪儿，我只为寻到你，你只为寻到我，找到了才是完美无悔的爱情。

第二章
大学铸就芳华

杨季康的母亲打趣地说:"阿季脚上拴着月下老人的红丝呢,所以心心念念只想考清华。"

她和他相爱是偶然也是必然,他们注定这一生是要见到彼此的,是要轰轰烈烈爱过一场的,时间不早不晚刚刚好。

钱钟书考清华大学也是传奇,当年20岁的他数学只考了15分,中英文考得还好。数学考到这个分数,想报考清华外文系简直是异想天开。但幸运的人总会凭才气借东风扶摇直上九万里,钱钟书的东风罗家伦识得这位是旷世奇才,便录取了他,钱钟书才上的清华大学。

钱钟书入学后,总是手不释卷博览群书,没有辜负校长罗家伦的厚爱。他的阅读量之大令清华学子惊叹,在校园内刮起一股旋风,名气大得惊人。别人对钱钟书的描述是"写起文章纵横捭阖,臧否人物口没遮拦"。喜爱文学的杨季康知道《清华周刊》发表他的文章最多。

两人见面后,杨季康向孙令衔打听钱钟书,才知道他已经订婚了。明明从他的眼眸深处读出他爱自己,可他的心却似深入海底无法打捞,为什么他不等她,早早把拥有权交给了别人?杨季康失落、难过、遗憾吗?

钱钟书也向孙令衔打听了杨季康的一切,说她已有了男友。有男友,还没订婚,还有追求的权利,怎能轻言放弃,在相思的驱使下,他给杨季康写了封信,约她在工字厅见面。

一见面,杨季康便说:"我没有男朋友。"

杨 绛传 简朴的生活，高贵的灵魂

杨季康解释说，别人给我安排的"男朋友"费孝通，是我的好朋友，我们相识多年无话不谈。

小时候的费孝通也和杨季康一样，跟随家人搬到苏州居住。费孝通的母亲与振华女校的校长王季玉是多年的好友，特意安排费孝通到振华女校读书。费孝通知道那是女校，全校都是女生，担心在那上学会被以前的同学笑话。不管母亲怎么说，他死活不去。小孩子怎能拧过严厉的慈母呢？最后，他成为众花中的绿叶，与杨季康一班。

少年的费孝通矮小瘦弱，聪明的他已经知道喜欢女生了。他的目光被谁紧紧吸引了呢？当然是不管长相还是学习都优秀的杨季康。年少的他喜欢她，一直不敢表白，只有把深深的爱意藏在心底。等他们考入东吴大学，费孝通再也无法忍受无数男生追求杨季康了。他公然对追求杨季康的男生说："我跟杨季康是老同学了，早就跟她认识，你们追她，得走我的门路。"

此后，他才鼓足勇气、壮着胆子追求杨季康。杨季康呢，碍于老朋友这么多年、女校唯一的陪衬、一朵鲜嫩的绿叶这多层关系，没有明显表示拒绝。别的同学认为他们相识多年，门当户对，都觉得他们已经成为男女朋友。费孝通是真心爱杨季康的，可杨季康从未承认这份恋情，她始终把费孝通当朋友对待。

见到钱钟书的那一眼，她知道爱上一个人的感受。她害怕钱钟书误会，见面就急忙澄清了这件事。

钱钟书订婚这件事也不是真的，只是个传说。

第二章
大学铸就芳华

钱钟书有个人称"叶姑太太"的远房姑母，她特别欣赏钱钟书的学识，有意将养女叶崇范许配给他。钱家也同意这门亲事，只有钱钟书不同意。

没遇到杨季康，他没有向谁辩解过这件事，遇到杨季康之后，他无时无刻不想向她解释清楚。于是，他鼓足勇气约见杨季康，为的是向她解释，见面后，太急于表白脱口而出："我没有订婚。外界传说我已经订婚，这不是事实，请你不要相信。"

两人急迫想向对方澄清事实的心情是一样的，杨季康脱口而出的也是同样的话："我没有男朋友。坊间传闻追求我的男孩子有孔门弟子'七十二人'之多，也有人说费孝通是我男朋友，这也不是事实。"

说完之后，两人都觉得空气好清爽，顿时风轻云淡，四目相对又忘记了世界，仿佛世间只有他俩存在，所有的顾虑烟消云散。

缘分是多么奇妙啊，钱家同意的"叶崇范叶小姐"和杨季康同在启明上学，她们是同学，杨季康知道这位小姐姐一顿可以吃好多饭，爱惹祸，相貌是可人的。

传说叶小姐随养母叶姑太太买东西，一小会儿的时间吃了很多冰激凌，结果病倒了，由此得了个"饭桶"的绰号。再加上名字"崇范"倒过来的读音和饭桶谐音，大家便公开喊她饭桶。"叶小姐"能吃就算了，她还喜欢做出格的事情，用现在的说法是叛逆，经常偷偷地跑出学校打扮成男孩子的样子，玩够了才回。

杨季康认为凭钱钟书文弱的个性，对这样的女子是不感冒的，更别提喜欢她了。杨季康的推断是正确的，钱钟书不反驳也许是碍于两家的友谊，就像杨季康碍于和费孝通的友谊一样。

钱瑗曾好奇地问过钱钟书，妈妈是如何吸引他的？当时，杨季康到国外访问，钱瑗问："爸爸，咱俩最'哥们儿'了，你倒说说，你是个近视眼，怎么一眼相中妈妈的？"

钱钟书回答道："我觉得你妈妈与众不同。"

钱瑗追问："怎样的'与众不同'？"

钱钟书只是笑，不再回答了。有时候，当爱降临时，谁又能说清呢？钱钟书不愿意说给女儿听，也许他真的不知道，当四目相对的那一刻，谁又能说得清爱上一个人需要什么样的理由？谁又能用语言表达出那源自骨髓的、刻骨铭心的爱呢？

幸亏有诗歌，可以表达钱钟书和杨季康初见的美好情感，有诗曰：

缬眼容光忆见初，蔷薇新瓣浸醍醐。
不知赖洗儿时面，曾取红花和雪无。

这就是钱钟书初见时的感觉，面部干净得像白雪，脸庞红润得像盛开的红花，清雅又脱俗，犹如盛开的蔷薇新瓣浸醍醐，带着一丝令人爱怜的腼腆。

当爱来临时，所有的语言都是苍白的，唯愿时光静止，剩下你我在爱的海洋里遨游，无他、无我。

第三章
深陷爱河情何限

遇到他也许是上天最好的安排,她为他结束了闺秀生活,成为他的妻,伴他漂泊天涯。最美的爱情是:你需要我时,我在。伴君左右,夫复何求。

杨绛传 简朴的生活，高贵的灵魂

情书遥寄相思意

从那以后两个人开启了恋爱模式，不是约会就是通信。杨季康到清华上大学的时候，钱钟书已经离开了清华，到清华大学的研究院，两人不能时刻相见，钱大才子充分发挥了斐然的文采，写下了许多动人心弦、滚烫的情书。

钱钟书为了表达对杨季康深深的爱意，写了一首李商隐风致的情诗刊登在《国风》半月刊上，诗文如下：

缠绵悱恻好文章，粉恋香凄足断肠。
答报情痴无别物，辛酸一把泪千行。
依穰小妹剧关心，髻瓣多情一往深。
别后经时无只字，居然惜墨抵兼金。
良宵苦被睡相谩，猎猎风声测测寒。
如此星辰如此月，与谁指点与谁看？

第三章
深陷爱河情何限

困人节气奈何天，泥煞衾函梦不圆。
苦雨泼寒宵似水，百虫声里怯孤眠。
海客谈瀛路渺漫，罡风弱水到应难。
巫山已似神山远，青鸟辛勤枉探看。

全诗表达了对杨季康的相思之情。他们离别之后，杨季康没有回一个字，竟然惜墨如金。纵然是星辰大似月，又能与谁分享呢？又能指给谁看？在钱钟书的世界里，杨季康是唯一在他精神世界驻足的妙人。现在想来，钱钟书能把这首诗刊登在半月刊上，也是向全世界宣布，杨季康我爱你，虽然你不给我写一个字，让我"答报情痴无别物，辛酸一把泪千行"，就算是"百虫声里怯孤眠"，我也如"青鸟辛勤枉探看"。

钱钟书运用宋明理学家的语句，为杨季康写了一首七言诗：

销损虚堂一夜眠，拼将无梦到君边。
除蛇深草钩难着，御寇颓垣守不坚。
如发篦梳终历乱，似丝剑断尚缠绵。
风怀若解添霜鬓，明镜明朝白满颠。

这首诗写的既是相思也是佛理，还有自我的修养。他把刻骨的相思比作蛇入深草，在蜿蜒动荡中捉摸不透，爱的神箭攻破心中的城堡，无法把守。被这样温情的男人念着、爱着是幸福的吧!

钱钟书对这首《不寐从此戒除瘱词矣》很得意,他自负地说:"用理学家语作情诗,自来无第二人!"

钱钟书写的《玉泉山同绛》,诗名很直接,一个"绛"表明一切:

欲息人天籁,都沉车马音。
风铃呶忽语,午塔闲无阴。
久坐槛生暖,忘言意转深。
明朝即长路,惜取此时心。

钱钟书在狂热的相思中,几乎一天给杨季康写一封情书。当时,没有电话没有手机,只能依靠纸笔来遥寄相思。不过,在清华很方便邮寄信件,院内的邮箱收到信件后,会有专门的邮差送到宿舍去。痴情的钱钟书那么积极地表白心迹,在杨季康那里却很少能得到回响,就如那句"别后经时无只字,居然惜墨抵兼金"的小小幽怨。即便是幽怨又能奈何,第二天还不是又要重拾相思,继续抒发相思之情。

钱钟书在《围城》里,写了个不爱写信的唐晓芙,是不是忘不了那段难挨的相思之苦,才在小说里把杨季康安排进去?

杨季康给钱钟书回信少,不是她不爱钱钟书,是她不喜欢这种表达方式,就像她父亲说的,你想怎么做,随心意。她还是很

第三章
深陷爱河情何限

期待看到钱钟书的信的,不管是上课,还是到图书馆,哪怕是校园散步,杨季康回到宿舍第一件事就是拆开钱钟书的信,享受对方发来的求爱信号。正是这份墨守的惦念,让杨季康知道自己愈加深爱着他。

钱钟书没有把谈恋爱的事告诉父亲钱基博。有一次,杨季康给钱钟书的回信落在钱基博的手中。钱基博很好奇,拆开信看了,看完难以掩饰喜悦之情,禁不住大赞道:"此诚聪明人语!"

杨季康信是这样写的:"现在吾两人快乐无用,须两家父母兄弟皆大欢喜,吾两人之快乐乃彻始彻终不受障碍。"

这样善解人意、知书达理、善于为所有人着想的女子,能不让老先生龙颜大悦吗?他认为杨季康是聪慧的,为儿子能认识这样的女子暗自庆幸,也为自己即将拥有这样的儿媳而得意。钱基博十分欣慰能有这样办事周到、思维缜密的女子陪伴不谙世事的儿子,这样知书达理的女子是可遇不可求的。

读完信的钱基博太高兴了,他也不怕二人生气,也没有跟钱钟书说,直接给杨季康写了回信,郑重其事地将儿子托付给了杨季康。从这里可以看出钱父对杨季康是多么的喜欢啊!钱钟书写《围城》的时候,怎么会忽略这不可思议的事情呢!方遯翁的作风和钱基博的作风不是如出一辙吗!

杨季康给钱钟书写信的同时,把他们相恋的事情告诉了父母。从此,他们的恋爱得到了双方家长的认可,如一幅空白画卷开始涂抹各种颜色。

杨绛传 简朴的生活，高贵的灵魂

他们这一对璧人生活在动荡的旧中国，还能接受最好的教育、遇到最好的人、爱上最好的对方。现实那么残酷，却没有阻挡他们相爱的脚步，他们多么幸运、多么令人艳羡啊！在与钱钟书恋爱期间，杨季康完成了大学四年的借读生涯。在东吴大学时，她总是感叹最大的遗憾是不能在清华大学读本科，错过了清华大学外文系鼎盛时期。

温源宁是钱钟书的老师，他并不看好杨季康，有一次测验杨季康交了白卷。当听说自己的得意门生和交白卷的学生谈朋友时，他特意告诉钱钟书："pretty girl 往往没头脑。"

被爱情迷晕了头的钱钟书怎么听得进去老师的忠告呢？他写了那么多情书，都没得到回应，此刻，任谁也不能左右他和她的感情了。

钱钟书为能与杨季康长相厮守，希望她再努力一把，补习一下，考清华大学的研究院。如果杨季康能考上研究院，他们可以同学一年。钱钟书急哄哄地提出订婚，杨季康觉得太仓促而拒绝了。

杨季康给钱钟书回信谈了关于报考清华大学研究院的事情，说她在复习，这件事急不来。她回到苏州接受了小学教员的工作。

杨季康一个月的工资120元，待遇也好，在当时这份工作算得上金饭碗了。闲暇时间，杨季康依然喜欢到学校的图书馆看书。由于要教孩子课程，批改作业，这些也占据了她部分时间。

第三章
深陷爱河情何限

杨季康计划推后一年再考。

对钱钟书来说,这样的推后是莫大的折磨,他不愿意跟她分开太久,每日的相思在遥远的距离中,愈来愈浓。为这件事他们写信争执了较长的时间,每次杨季康都不理他。钱钟书伤心了很久,怀疑杨季康不愿意要这段感情,故意疏远他。钱钟书把这种失落的无奈、没有着落的爱释放在诗歌上,诉说着自己的"辛酸一把泪千行"。

杨季康和钱钟书的感情就如风过海面,波澜四起。世间哪有一帆风顺的爱情,哪有水波不惊的情缘?只有经历过大风大浪的感情才更稳固。

谁都希望爱的结果是,既然爱,请深爱!

杨绛传 简朴的生活，高贵的灵魂

珠联璧合订姻缘

分开的日子里，除了钱钟书一日一封情意绵绵的情书外，剩下的就是两人无尽的相思。那些难眠的夜晚，每当想起对方的点点滴滴，那撩人的思念似杏花雨、如杨柳风，在心里来回荡漾，两人都在品味那份苦涩、甜蜜。

杨季康在钱钟书情深意切时，邀请他到苏州拜见双亲。满怀喜悦的钱钟书在1929年年初来到了苏州。他和杨荫杭见面后，相谈甚欢。

当杨季康问父亲对钱钟书印象怎样时？杨荫杭只说了5个字："人是高明的。"多余的话没有说。也许杨父对钱钟书了解得不多，单单从外表看，看不透这个乳臭未干的小伙子，这个在清华读研究生的书呆子能承担起家庭的重担吗？这才是杨荫杭担心的。

杨荫杭在女儿借读清华时，便得了小小的中风。他动作迟

第三章
深陷爱河情何限

缓、说话困难,失去了顶天立地的气势,不管是在家里还是外面都不能独当一面了。他在一次开庭时因为不能说话,没办法只好推迟了开庭。那个心怀天下、思维敏捷的大律师已经消失不见,增长的抬头纹和迟缓的步伐,让他知道自己不复当年,已经老矣。岁月如秋风,吹落一切饱含绿意的东西后扬长而去。

杨季康知道父亲患病后,心疼得直淌眼泪,杨荫杭却不停安慰女儿,仿佛得病的是别人,他是局外人,反复说自己已经好了。说自己好了的杨荫杭从此没有接过任何案子,被迫告别了热爱的律师生涯。一个家庭的顶梁柱失去了工作的能力,谁来完成养家糊口这项重任呢?那么多孩子需要养活?这也许是杨季康每月拿120元工资的原因吧!家世显赫的钱钟书怎能理解杨季康的苦楚,他只需要看书做学问,不用为生计发愁。爱面子的杨季康不会跟钱钟书说这些,她只能默默无言,害得钱钟书摸不着头脑,以为杨季康故意疏远他。

中风的杨荫杭还是希望女儿能找到一个可以托付终身的人,那个人一定要可靠,有能力有担当,能让女儿过上安稳的生活,不受苦受累。

不管杨父如何想,他知道既然是杨季康选的对象,他都尊重女儿的选择,对钱钟书的印象还好,加之钱钟书名气大,才气闻名国内,杨荫杭视他为"乘龙快婿"。钱钟书多聪明,拜见了准岳父后,立刻邀请杨荫杭的两位好友做媒,加上钱钟书的父亲已经把儿子托付给杨季康照顾,这还有什么顾虑呢?按部就班遵照

杨 绛传 简朴的生活，高贵的灵魂

传统的方式上门提亲呗。谁让他离不开杨季康呢！

求婚水到渠成，1933年的暑假，他们在苏州的酒店举行了订婚仪式。

钱钟书的家人之前没有见过杨季康，钱父在订婚宴上见到杨季康后异常欣慰——果然是知书达理的那个，他对人说："杨季康实获我心。"

这场时髦的订婚仪式，让杨季康想想都幸福，多年后她回忆那场为她和钱钟书举办的仪式时表示，感到幸福的同时又觉得滑稽：

"五六十年代的青年，或许不知'订婚'为何事。他们'谈恋爱'或'搞对象'到双方同心同意，就是'肯定了'。我们那时候，结婚之前还多一道'订婚'礼。而默存和我的'订婚'，说来更是滑稽。明明是我们自己认识的，明明是我把默存介绍给我爸爸，爸爸很赏识他，不就是'肯定了'吗？可是我们还颠颠倒倒遵循'父母之命，媒妁之言'。默存由他父亲带来见我爸爸，正式求亲，然后请出男女两家都熟识的亲友作为男家女家的媒人，然后，在苏州某饭馆摆酒宴请两家的至亲好友（因我爸爸生病，诸从事简），男女分席。我茫然全不记得'订'是怎么'订'的，只知道从此我是默存的'未婚妻'了。"

"默存"是钱钟书的号，杨季康喜欢这样叫他，就像钱钟书喜欢叫她"季康"一样。

订婚仪式结束后，这两位就紧密地连在一起，难舍难分了，

第三章
深陷爱河情何限

后来成为当代文坛显赫的巨星。对于两位大才子，很难说是钱钟书成就了杨季康，还是杨季康成就了钱钟书。只能说他们在对的时间遇到了对的人，然后成就了彼此，真乃珠联璧合也。

两人相处时间不长，为了美好的前程又各奔东西。钱钟书计划报考英庚款资助的公费留学。但是申请人报考的条件要有两年的社会服务经验。钱钟书只得到上海光华大学任教。他教英语，月薪比杨季康少，只有90元。杨季康考上了清华大学研究院外国语言文学部，再次回到了清华大学继续读书。

喜欢写诗歌的钱钟书终于得到了最好的素材。这个素材是：爱情。从古至今，爱情不是人们一直在歌颂传唱的吗？不管是《诗经》还是唐诗宋词，乃至到了民国，用来歌颂爱情的情诗浩如烟海，不胜枚举。

两人分开两地，钱钟书更是文思泉涌，写了无数表达相思之情的情诗。

1934年，他整理了为杨季康写的情诗，自费出了第一本诗集《中书君诗》，里面还有杨季康的唱和诗作。这本诗集印刷数量不多，他只分享给了师友。吴宓有幸获得了一本，专门作了一首七律诗《赋赠钱君锺书即题〈中书君诗〉初刊》馈赠于他。诗中写的是对钱钟书的赏识和钟爱，如"才情学识谁兼具，新旧中西子竟通"。

现在交通已经很发达了，通信技术也日趋完善，恋人之间还是不愿长距离恋爱，就算是视频聊天也解不了相思的苦。相互拥抱，四目相对才是相爱之人解相思的良药。这对恋人不能视频不能语音，只能用书信的方式倾诉相思之情。

  这是漫长的等待，也是长情的告白，两人一天一封信，坦诚地用文字表述出来。他们的书信内容涉及广泛，好像日记一般，遇到新鲜的事要分享，好书要分享，思念之情也要分享，就像现在的朋友圈，晒一晒彼此的点点滴滴……只不过他们的"朋友圈"仅两人可见，这些看似琐碎的诉说，呈现给对方的却是相思，浓得化不开的情感。

  钱钟书还是一个别出心裁的设计师，在书信的落款上总是用尽心思、花样百出。他最常用"奏章"这个称呼，有"禀明圣上"的意味。杨季康每次看到这个称呼都会忍俊不禁。有一次，钱钟书不称"奏章"，开始自称"门内角落"。杨季康看了不知何意，于是写信询问。钱钟书回信说这是"钱氏幽默"。"门内"是英语的谐音，意思是"钱"，"角落"是山士，翻译过来是"钟"的意思。

  钱钟书这样搞，可能是想勾起杨季康的好奇心，能很快给他回信以解相思。话说这样幽默、深情、多才的人，怎不深入杨季康的少女心呢？

第三章
深陷爱河情何限

结识钱穆和叶公超

钱钟书终于如愿以偿和杨季康订了婚，后到上海的私立光华大学任外文系讲师，兼任国文系教员。杨季康也准备重返清华攻读研究生。钱基博把在燕京大学任职的钱穆介绍给杨季康，让她跟随本家一起北上好照应一下。

钱穆不单在燕京大学任教，还被清华等多所学校聘为教授。他有丰富的阅历、渊博的知识，而最重要的一点让那些怀才不遇、整天抱怨的人汗颜——人家是自学成才。他们买的是三等座席，也就是现在的绿皮火车上的硬座，两个陌生人坐在对面，谈话方式几乎是一个问，一个答。这样的聊天方式彼此都感到无聊、尴尬。等对坐久了，熟悉了，两人又开始讨论如何做学问、如何为人处世。一路聊来，钱穆对杨季康也有了大致的了解，他由衷地说："我看你是个有决断的人。"

杨季康很吃惊啊，钱穆怎么话锋一转，夸起自己来了，她问:"何以见得？"

钱穆的回答又干脆又直接:"只看你行李简单，可见你能抉择。"

杨季康怎么能解释她第一次到北京带着铺盖和一大箱子行李呢。这一次是那些行李都在北京，而此次回来仅仅是订婚，用不着带那么多行李。杨季康笑笑，也没有谦逊几句。

吃饭的时候，杨季康吃自己带的饼干和水果，她不习惯火车上硬生生的米饭和面条。钱穆呢，很客气，杨季康请他吃饼干，他就借口躲了。后来杨季康才发现他的秘密，原来他吃当点心的麻片糕，要不然就在停车的时候，到外面买油豆腐粉站在那里捧着碗吃。杨季康只能假装看不见。

杨季康吃得少，也不觉得自己俭朴。一路上看到钱穆先生如此节俭，自奉菲薄，又增加一份敬重。

过了蚌埠之后，看不见山，看不见水，看不见树，看不见庄稼，也看不见房屋，走了一程又一程，只有绵延起伏的大土墩子。这么荒凉的景色一眼望不到边，杨季康忍不住叹气道:"这段路最乏味了。"

钱穆接话道:"此古战场也。"现在火车经过此地，高楼大厦林立，到处是庄稼地和房屋，中国发展得多快啊！

杨季康听钱穆这样一说，觉得这片荒凉寂寥的土地被历史染上了颜色，也不认为这段路乏味了。钱穆开始讲解这片大地上哪儿适合安营扎寨，哪儿可以冲杀打仗，哪儿可以设置埋伏。杨季

第三章
深陷爱河情何限

康听得热血沸腾,对绵延的土墩子发生了极大的兴趣,对在这儿拼杀的人物也发生了浓厚的兴趣。一直到琅琊山出现,他们才离开这片辽阔而又充满历史厚重感的"古战场"。

火车终于进入山东境内,泰山好像矗立在站边,钱穆给杨季康讲发生在临城的大劫案,又让她看陡峭的"抱犊山"。钱穆说,这儿的人把小牛犊抱上山,任由小牛在山上吃草不管不问,等牛长大后自己下山。经过这一路的交谈,杨季康对钱穆的陌生感逐渐消失。他们在北京分手后再也没有见面。此后的日子里,杨季康往返在这条路上,经过"古战场"也不觉得难熬了,她总会想到谈笑风生的钱穆。杨季康万万没想到,原本是通家之好的钱基博和钱穆,会被自己写的一篇文章弄出了隔阂。根据钱穆的入室弟子余英时写的回忆录可见端倪:

当时,宾四师对钱基博、钟书父子好像也有些心理不平衡。起因是杨绛写过一篇文章称颂钱钟书的绝世天才,其中引了一个例子。1931年宾四师的名著《国学概论》(商务印书馆)上原有钱基博先生的序,而且"有所针砭"。宾四师在《自序》中还特别向"子泉宗老"致谢。但杨文第一次揭露:这篇序竟是钱钟书代笔,而且"一字未易"。那时钱钟书刚入清华不久,最多大学一二年级,年纪也才二十岁,能代父写这样讨论学术史(主要是清代)问题的序文的确是天才。这事很快传到宾四师耳中,他的感觉可想而知。他原以为"子泉宗老"对他的著作很郑重严肃,不料竟不肯亲自下笔,委之年甫弱冠的儿子。所以后来的"全集"本《国学概论》(台北联经出版公司)中便不再收钱基博的序了,连带着《自序》中谢"子泉宗老"的话当然也删掉了。这件事我不便与宾四师谈及,但我一查"全集"本的《自序》,便恍然大悟。但此事至今尚未受人注意,我觉得应该把事实说出来。

余英时和钱钟书是好友,发现这件事情后,对钱钟书夫妇还是尊重的,他说:"最值得我们敬重的不是他的天生才能,而是他的精进不懈。他以读书为宗教,一生造次必于是,颠沛必于是。他有'书痴'之号,其实即是'读书教'教徒的另一种称呼。他的'读书'方式也和他的天才是互相配合的,别人也无法学他。在这一读书方式下,他自然而然地将许多大大小小的信息储藏在脑中,就像今天的计算机一样。信息如此之多,无论下笔或说话,不知不觉地便要引书中之言。"

杨季康攻读清华研究生,叶公超让赵萝蕤邀请杨季康到家里吃饭。杨季康猜想:叶先生是要认认钱钟书的未婚妻吧?

杨季康跟着赵萝蕤到叶家做客,受到很好的招待,几个人谈得很开心。第二次见到叶公超时,他指着一册英文刊物中的一篇对杨季康说:"《新月》要这篇译稿,你能否翻译出来。"

杨季康觉得这是叶先生是要考考自己,便接下了。

杨季康还没有翻译过文章,在东吴大学攻读政治学时,她就

第三章
深陷爱河情何限

对政论不感兴趣,而叶公超找她翻译的是《共产主义是不可避免的吗?》,这是一篇很晦涩、很沉闷的政论。

她读啊读,弄懂了才开始翻译,后来总算完成了任务。叶公超看过翻译稿后说"很好",译稿很快在《新月》上刊登了出来。这是杨季康第一篇译稿。

有了第一篇译稿,杨季康后来又陆续翻译了一些作品。在成长的过程中,有些人会遇到高人指点,少走坎坷的路,更明确以后的目标。

执子之手，
　　与子偕老

　　1934年春节，钱钟书回母校看望杨季康，毕业后，他一直忙于做学问，要不是牵挂的她在这里，说不定还得再等两年考完试才回来。钱钟书在清华上学期间，只参加过班级集体出游的游览香山和颐和园的活动，其他地方都没去过。

　　杨季康和他不一样，杨季康喜欢新鲜事物，喜欢那些有历史渊源的景点。到北京的第一年，她几乎走遍了北京的景点。钱钟书到北京看她，漫游北京是必须要做的事，谁让那个书呆子天天守着书籍、想着红颜、想着黄金屋，忽视眼前的景致呢？跟喜欢的人漫游喜欢的地方，也是浪漫的事。透过时空之眼，仿佛还能看到他们的身影在北京的大地上游走，那身影、那留恋的回眸，无不让人羡慕。

　　大凡文人雅士出行必定诗词相随，钱钟书有诗纪念：

第三章
深陷爱河情何限

记四月二日至九日行

纷飞劳燕原同命,异处参商亦共天。

自是欢娱常苦短,游仙七日已千年。

钱钟书和杨季康在一起游玩像神仙一样,仙游七天像千年一样幸福。人生自古伤别离,不管相聚多久总要分开,作诗留念最见情深。

他们分别之后,生活又进入普通模式,即便是爱情也要有柴米油盐的滋养。小时候,心中无可替代的温暖是父母的怀抱,长大后,心中无可替代的温暖是爱人的怀抱,还有来自远方的问候。

钱钟书和杨季康分隔两地,书信的陪伴,更是岁月里那一抹希望,在浮华的世间相互温暖。

钱钟书于1935年完成国内的服务期,开始参加出国留学的考试。当时有200多人参加考试,录取的只有20多人,总成绩最高的是钱钟书。

钱钟书拿到录取通知书,第一时间告诉了杨季康,希望两人一起出国深造。杨季康心中十分欢喜,欣然答应一同前往。杨季康在清华研究院的学业也快结束了,可是,杨季康就读的外语部不能输送学生留学,想出国只能自费。杨季康知道出身书香门第的钱钟书从小生活在优越的环境中,不能照顾自己,如果不和他一起出国照顾他,不知道他在国外会怎样。

为了能和钱钟书在一起，照顾他的生活和陪伴他日后的发展，杨季康办理了休学手续。要想跟钱钟书出国还得举行婚礼才行，在那个年代光有订婚仪式，没有结婚仪式，还是不方便一起出国的。

杨季康还没毕业，还要考一门功课，她和老师商量后决定用论文代替考试。杨季康没有取得文凭，提前一个月返家。

回到家的那天已是下午三点左右。她来不及把行李搬进房，只放到门口就飞奔到父亲的卧室。杨荫杭像是在等候她一般，掀起帐子下了床，说道："可不是来了！"

原来，杨荫杭午休时刚刚闭上眼睛，忽然觉得女儿阿季回来了，爬起来到处找她。他到唐须嫈房里，只见唐须嫈在房里做活计。特意问唐须嫈："阿季呢？"

唐须嫈一脸惊愕："这会儿怎会有阿季？"

他以为出现了幻觉，只得继续午睡，翻来覆去总是难以入睡，没想到阿季真的回来了。看到女儿的那一刻，他说："曾母啮指，曾子心痛，我现在相信了。"

从这里可以看出父女之间也有心心相印。杨季康对父亲说了将要陪同钱钟书出国留学的想法，杨父自然是大力支持。杨荫杭说："你已经放弃过一次出国深造的机会，这一次希望你们得以成行，为以后铺陈一个美好的未来。"

杨季康对于父母有很深的愧疚与不舍。读大学期间，就难得与他们相聚，这次出国不知何时才能回来。父母上了年纪，最珍

第三章
深陷爱河情何限

惜相聚的时刻,兄弟姐妹工作学习分散在各地,几十间房空着无人居住,庭院冷清至极。

杨季康心里难过,也没有办法安慰父母,倒是他们一直在安慰女儿:"不必担心我们,放心去吧!"

1935年夏天,在苏州杨家大厅内,杨荫杭为女儿主持了西式结婚典礼,杨季康穿婚纱,有提花篮的少女,有专门捧着拖地长纱的花童,有奏乐声。

杨荫榆在来宾中最惹眼,一袭白夏布的裙子包裹着她未嫁的身躯,再配上一双白皮鞋。在当时,一身纯白参加别人的婚礼是很不好的,惹得宾客议论纷纷。杨季康和钱钟书没有介意三姑母的这身着装,他们知道三姑母已经很多年没有添新衣,一心扑在工作上,她肯定没有恶意。

正是盛夏,钱钟书的白衬衫领子被汗浸透,杨季康浑身是汗,不透气的婚纱变成了大蒸笼,办完结婚典礼,两个人像是淋了一场雨。

这场婚礼出现在了《围城》里,曹元朗与苏文纨结婚的那一幕就是移植的这场婚礼。杨季康在《记钱钟书与〈围城〉》中说:"结婚穿黑色礼服,白硬领圈给汗水浸得又黄又软的那位新郎,不是别人,正是钟书自己。因为我们结婚的黄道吉日是一年里最热的日子。我们的结婚照上,新人、伴娘、提花篮的女孩子、提纱的男孩子,一个个都像刚被警察拿获的扒手。"

在钱家举行的是中式婚礼,按照中国传统举行的结婚仪式。

杨绛传 简朴的生活，高贵的灵魂

钱家是在无锡七尺场举行的迎娶仪式。钱家家大业大，又是书香门第，到场的客人很多，无锡国学的校长唐文治、陈衍老先生、新月诗人陈梦家及夫人赵萝蕤等都赶来祝贺，真是热闹非凡、喜气盈门。

胡河清说："钱钟书、杨季康结为伉俪，可以说是中国当代文学中的一双名剑。钱钟书如英气流动之雄剑，常常出匣自鸣，语惊天下；杨绛则如青光含藏之雌剑，大智若愚，不显锋刃。"

他们的结合正是双剑合璧，一段旷世好姻缘。如果溯源而追，在1919年就注定了他们这段缘分，如《诗经》里所言："死生契阔，与子成说；执子之手，与子偕老。"

这句很多人引用的诗，描写的是一位女子对出征爱人的思念和期待，字句间流露着满满的无奈，却尽显执着。人们钟爱这句诗，视其为誓约。

根据这一千古流传的经典，人们最美好的期待之一莫过于拥有一段刻骨铭心的爱情，杨季康和钱钟书携手就是如此。

杨季康和钱钟书这对伴侣，在那个时代，比起媒妁之言，他们的爱情婚姻也许应该是美好的。

他们在盛夏时候举办婚礼，两人都穿的正装，两场婚礼下来，两人因为劳累过度加上天气太热，都病倒了。杨季康在"双回门"的日子，没能回成娘家，也忘记给父母通报一声。

可怜唐须嫈为迎接心爱的女儿带着如意郎君回门，精心准备了一桌丰盛的酒菜，一等再等，却等来一场空欢喜。唐须嫈除

第三章
深陷爱河情何限

了失望,还开始担心女儿的身子骨。杨季康病了十几天才恢复活力,钱钟书要做出国前的培训,不能陪她回娘家,只得派小妹陪同前往。

杨季康自从被婚礼弄得疲惫不堪,连娘家都没回成,还是觉得父亲给她办的"小姐宴"最温馨,难以忘怀。

苏州有个风俗,姑娘在出嫁前几天,要举办专为自己送行的宴席,参加的人员由出嫁姑娘自己邀请。现在有些地方还有这样的风俗习惯。女方父母只负责操办宴席却不参加,好让姑娘们愉快地玩耍。

"小姐宴"类似于"成人礼",是女孩告别少女时代的仪式。杨季康的"小姐宴"定在旧历六月十一日晚上。杨季康邀请的客人坐满一大桌,吃吃喝喝中欢歌笑语、热闹非凡。大家举杯祝贺杨季康嫁给大才子,还能出国陪读,真是让人好生羡慕。

本该高兴的杨季康听到大家的祝福,想着不在宴席的父母,忽然伤感起来。她明白离开这个家,在父母怀中撒娇的那个"阿季"就要变成人家的妻子。想着想着她更难过了。

长大结婚生子是一个人成长的历程,杨季康自然明白,每当想起那顿伤情的"小姐宴",杨季康总会念起父母的养育之情,那难以回报的恩情。

第四章
英国逐梦

「我见到她之前,从未想到要结婚;我娶了她几十年,从未后悔娶她;也未想过要娶别的女人。」我和他(她)一样。

我和他一样

有天,杨季康无意间读到英国传记作家对最理想婚姻的概括:"我见到她之前,从未想到要结婚;我娶了她几十年,从未后悔娶她;也未想过要娶别的女人。"

杨季康觉得自己也是这样想的,于是念给钱钟书听,她没有说自己也是这样想的。

钱钟书听完,没有丝毫犹豫,直截了当地说:"我和他一样。"

杨季康才说:"我也一样。"

最好的婚姻生活也许就是:我见到他,才知道他正是我想嫁的人;我娶了她,才知道她正是我想要一生陪伴的人。

杨季康没想到,那次和小姑子回娘家,竟然是最后一次见到母亲。见过母亲后,杨季康和钱钟书从无锡出发,前往英国。火车途经苏州停靠在月台时,杨季康突然泪如雨下,控制不住自

第四章 英国逐梦

己,想跳下火车回家见父母一面。由于时间紧迫,火车停留的时间有限,杨季康只能在火车上默默流泪。有人说,这是预兆,杨季康从此以后便失去了母爱。她不知道这次离别是用亲情来交换的,即便是这样,她也无法选择待在父母身边。虽然那句古话说得好:父母在,不远游。

钱钟书和杨季康坐远洋轮船的二等舱去英国,在大海里漂了一个多月。

幸亏他们在一起有共同的话题、说不完的情话,在漫长的海上漂泊才不那么单调和寂寞。

在《围城》中钱钟书写道:两个要结婚的人若想看出彼此的破绽,结婚前最好去旅行,但是不能短,至少要一个月,如此舟车劳顿下难免会心烦意乱,很自然就会"原形毕露",这种情况下如果不会就此分开,那么就可以结婚了。

钱钟书在这里写下时间"至少要一个月",这样断然的结论与他和杨季康在一起有关系吗?答案肯定是有,他们在海上漂泊了一个多月,这就是实践出真知的典型案例啊!

杨季康在这次路途中发现,大名鼎鼎的"才子"说自己"拙手笨脚"竟然是真的,他不是自谦,而是真的很诚实。他像个不懂事的孩子,使用筷子不熟练,分不清左右脚的鞋子,系不好鞋带。这些都与那个"做学问"写诗的大才子不沾边。

杨季康像对待一个不能自理的孩子一样照顾钱钟书。她想到钱父写信把钱钟书托付给了她,那时她不知道怎么回信,还专门

杨
绛传 简朴的生活，高贵的灵魂

问过钱钟书，结果钱钟书说不用回信。一般的人家都是女方家郑重其事地把女儿托付给男方，男子才是承担家庭重任的那个。在钱家，这一切都颠倒了，一个在日常生活中不能自理的人，怎么照顾老婆孩子呢？杨季康没有想过这些，出于对钱钟书的深爱，她开始庆幸与钱钟书一起出国留学，这样就能好好照顾他，让他安心学习做学问，不被生活琐事纠缠。

爱一个人，哪怕对方有缺点、生活自理困难，也会庆幸拥有他，给自己照顾对方的机会。拥有这些特质的人终究会收获真爱！因为只有这样才能做到无怨无悔，一路跟随！

第四章 英国逐梦

在牛津大学，饱览群书

他们到达伦敦后，决定欣赏一下伦敦的风光，反正他们来得早，距离开学还有一段时间。钱钟书找到两个在英国留学的堂弟钱钟韩、钱钟纬。这弟兄仨在异国重逢，那激动、喜悦的心情不言而喻。从这里也能看出钱氏家族家大业大，可谓是人才辈出。在国内动荡时期，还能出巨资培养孩子上大学出国深造，说明他们把教育放在首位，不辜负世世代代的书香之誉。钱钟书为纪念这次在异国相见，特赋诗一首《伦敦晤文武二弟》：

见我自乡至，欣如汝返乡。
看频疑梦寐，语杂问家常。
既及尊亲辈，不遗婢仆行。
青春堪结伴，归计未须忙。

杨 绛传 简朴的生活，高贵的灵魂

堂弟带领他们参观了大英博物馆、蜡人馆著名的几个画廊。在伦敦逗留了几日，和想家的堂弟说了几天的家乡话，他们便辞别堂弟到牛津上学了。

到了牛津，官方已经把钱钟书上学的事宜安排妥当，钱钟书直接到埃克塞特学院攻读文学学士学位就行了。

杨季康没有钱钟书那么幸运，凡事得自己安排。自费生得自己解决入学问题。杨季康计划到不提供住宿的女子学院求学，可惜那样的学校攻读文学专业的名额已满。几经周转，杨季康只得又做了旁听生。这样她就能选读喜欢的课程了。杨季康有点闲暇的时间，还是到大学图书馆看书。

说来有意思，杨季康在国内借读于清华大学，然后考取了研究学院；到国外，她依然是借读，选听喜欢的文学课。她对这样的结果没有怨言，这次来原本是为了伴读的，她也是借着钱钟书的光，节省开支才得以出国深造的。那时杨荫杭有高血压又中风了，还没有降压的药来缓解，不能工作，一家生计都遇到困难。杨季康离家万里，还嫁人了，帮不到他们，怎么忍心向他们要钱出国深造？

在牛津上大学，凡是自费生都有一件背后有两条黑色飘带的黑色背心，穿长袍的则是有奖学金的学生。钱钟书属于国家付钱的"自费生"，也是庚子赔款的留学生，他经常穿着黑色背心上课。在牛津上学的自费生多一些，穿黑色背心的学生随处可见。

第四章
英国逐梦

杨季康交不起昂贵的学费只能当旁听生,自然没人给她发黑色背心,她特别羡慕这些学生。钱钟书的黑色背心被她精心保管,成了她的宝贝。她认为,有黑色背心在才能证明在牛津大学上过学,这也是一种象征。

国家博物馆在2003年筹备百年留学文物展时,杨季康拿出了这件背心,从此这件黑色背心在国家博物馆安了家。

钱钟书刚到牛津就笨拙了一回。杨季康后来这样描述了他的笨拙:"他初到牛津,就吻了牛津的地,磕掉大半颗门牙。他是一人出门的,下公共汽车未及站稳,车就开了,结果脸朝地摔一大跤。那时我们在老金家做房客。同寓除了我们夫妇,还有住单身房的两位房客,一位姓林,一位姓曾,都是到牛津访问的医学专家。钟书摔了跤,自己又走回来,用大手绢捂着嘴。手绢上全是鲜血,抖开手绢,落下半枚断牙,满口鲜血。我急得不知怎样能把断牙续上。幸好同寓都是医生,他们叫我陪钟书赶快找牙医,拔去断牙,然后再镶假牙。"

从这详细的描述里,能看出钱钟书身子不灵活,大意摔了一跤。好好地出趟门,还得拔牙镶一颗假牙。

牛津大学坐落在伦敦西北泰晤士河上游的牛津城,是英国最古老的大学之一。清华大学的吴宓也在这上过学,他还写了首诗,赞誉牛津大学,他说这儿才是最理想的读书之地:

杨绛传 简朴的生活，高贵的灵魂

牛津大学风景总叙

牛津极静美，尘世一乐园。
山辉水明秀，天青云霞轩。
万里集群校，嶙峋玉笋繁。
悠悠植尖塔，赫赫并堞垣。
桥屋成环洞，深院掩重门。
石壁千年古，剥落黑且深。
真有辟雍日，如见泮池存。
半载匆匆往，终身系梦魂。

在牛津，让大家受益良多的是博德利图书馆，它是世界一流的图书馆，钱钟书将博德利图书馆翻译成"饱蠹楼"。

清华大学图书馆藏书多，但比起博德利图书馆的藏书就少多了。嗜书如命的钱钟书和杨季康在这个图书馆如鱼得水。他们除了听课，剩下的时间都用在了读书上。他们如饥似渴地阅读，借阅了一大堆一大堆的书，书目涉猎哲学、心理学、文学、历史等。多数时候，两个人会找固定的位子，边阅读边做笔记。

什么是饱读诗书，乐此不疲？他们就是，令人艳羡的一对鸳鸯在牛津。

对于杨季康来说，能有大量时间充电是幸福的，同时她也庆幸当了旁听生，才有这么多机会阅读喜欢的书籍。杨季康在这里充实了自己，储备了知识和涵养，提高了外语的阅读水平。留学

第四章 英国逐梦

的生活多么美好啊,无忧无虑整天在书海里遨游。

刚到牛津他们借住在老金家,老金家提供一日四餐,这样他们什么都不用做,有的是时间用来读书。钱钟书和杨季康住一间窗临花园的双人卧房,老金的妻女每天打扫卫生。这样,杨季康的时间很充沛,可以自由调配时间。她给自己制作了一张详细的阅读表,每天按照表上罗列的书一本本地阅读做笔记。图书馆收藏的经典书很多,读书的人不多,让杨季康有"坐拥书城"的感觉。那些快乐的日子,充分地满足了她对书籍如饥似渴的需要。

杨绛传 简朴的生活,高贵的灵魂

生活三部曲:
看书、会友、探险

在牛津有很多富翁,钱钟书认识一位叫史博定的富翁,传言这位富翁可以为牛津大学设立一个汉学教授的职位。他有个弟弟K. J. Spalding是牛津某学院的驻院研究员,是汉学家,专门研究中国的老庄哲学。史博定富翁请钱钟书夫妇到他家吃茶,吃茶期间劝钟书改行读哲学,说中国的奖学金不要算了,要钱钟书做他弟弟的助手。他的言外之意是,做他弟弟的助手前途远大,中国的那点奖学金是微不足道的,可以直接放弃不要。钱钟书没有多想,直接拒绝了史博定的建议。在他心里,投靠外国富翁放弃国家奖学金那是万万不能的。以后的日子,两人还有来往,史博定的弟弟也经常邀请钱钟书夫妇到学院寓所去吃茶,喝茶期间会请教他想要了解的许多问题。

牛津大学招收的多半是贵族学校毕业的富家子弟。牛津学制

第四章
英国逐梦

和中国不同,他们一年分三个学期,一个学期分八周,上完一学期课放假六周左右。第三个学期假期最长,也就是最热的暑假。牛津大学的考试在毕业之前,先学习,上到二至四年之后才考试。那些不把学习当回事的学生喜欢晚上相聚在酒吧喝酒,喝醉酒打架闹事,经常犯校规。

学校给每位学生分配两位导师:一位学业导师,一位品行导师。品行导师用来保释触犯法律被拘留的学生,学业导师用来指导学习。钱钟书的品行导师无事可做,只能经常请他们吃茶聊天。

牛津学生每周得在所属学院食堂里吃四五次晚饭,证明自己在住校,这是学校的规定。钱钟书记述:获得优等文科学士学位之后,再吃两年饭(即住校两年,不含假期)就是硕士,再吃四年饭,就成博士。中国的留学生不是领取政府津贴的就是获得奖学金的,他们放假了也会去旅游,看看国外的风景。

师生、同学之间的交往方式多是吃下午茶。师长一般选择在家里请;同学无处可去,只能在宿舍里请。杨季康做茶还是跟他们学的:先温一下茶壶,加水放一茶匙茶叶煮,然后每个人一匙茶叶。这样一次次加开水,茶水的浓度还能保持下去。

钱钟书从这时开始,每天清晨都要喝一大杯牛奶红茶,这个习惯一直保持到去世。回到国内,印度的"立普登"红茶无处可买,杨季康于是选择了滇红茶取其香、湖红茶取其苦、祁红茶取其色,这三种上好的茶叶代替了"立普登"。

杨 绛传 简朴的生活，高贵的灵魂

在牛津假期很多，别人到了假期都出去旅游，只有他俩将时间全部用来读书了。牛津大学图书馆的藏书有规定的年限，只限于18世纪和18世纪以前的，新书是没有的。如果想看往后的书籍，要到市里的图书馆借阅。市图书馆藏书更丰富，借阅的时间长，在两个星期内归还就行了。

两个嗜书的人阅读书籍很快，他们看完从家里带来的古诗词章、朋友寄赠的书，以及向朋友借阅的书，这些还不够，不到两个星期就要跑一趟市里的图书馆。

对于爱读书的人来说，有书读、能读书、随时随地可以读到书，这便是人间天堂。

牛津书店也多，站在书架前可以任意阅读，不用担心店主生气给脸色。

他们把散步戏称为"探险"，每天都会去"探险"。吃过早饭，走，"探险"去；吃晚饭前，走，"探险"去。他们喜欢到没去过的地方去，这样才有新意、刺激。把不同的地方做对比，进行探讨，为什么这地方会有不同。如果没有杨季康陪伴，估计钱钟书出去就回不来了。

小小的牛津人情味很浓，也很温暖，更是安静之地。有时候在探险的路上，遇到邮差交给他们从中国寄来的信；每每这时，会有小孩子安静地站在旁边，客气地向他们讨要中国邮票；那些戴白手套、高大的警察每到傍晚，会挨家检查大门是否关好，会客气地提醒那些没有关好门的人家。

第四章
英国逐梦

他们走大街穿小巷，看学院的建筑，到郊区公园散步，到教堂看看，光顾喜欢的店铺……每"探险"一次就收获一次。他们爱这个没有战争、可以自由自在读书的小城。

他们回到借住的寓所，要杯茶或咖啡，拉上窗帘对坐读书。这不就是李清照和赵明诚的"赌书消得泼茶香"吗？也是古人说的琴瑟之合。

爱的佳肴

在老金家住的时间久了，逐渐吃不饱饭。杨季康吃得少算不了什么，对于吃不饱的钱钟书来说，每天饿肚子，那可不是好玩的事。杨季康总是把钱钟书喜欢的食物省下来给他吃，这也解决不了挨饿的问题。两人为什么不跟老金说呢？说了会不会改善一下伙食？

杨季康没有和老金商量，而是打算出去租房自己做饭吃。钱钟书劝杨季康不要这样冒险："你又不会烧饭，老金家的饭至少是现成的。自己的房间还宽敞，将就着得过且过吧。"

杨季康怎能天天看着钱钟书受罪呢？况且像老金家的饭，她也可以学会做的。她根据报纸上的广告四处找房子，找了好几家，不是太远就是不太好，没有找到理想的。

有一天他们出去探险，发现一个高级住宅区贴有一个招租广告。杨季康壮着胆子去敲门。房东打量了她一番，带着她去看

第四章 英国逐梦

房子。

房子的格局很合理，一厅一室，配有取暖的电炉，有一个大阳台。杨季康站在阳台上，看着外边的大片草坪和花园，真是赏心悦目。杨季康一下看上了这套房子，和房东谈妥了租赁要求，第二天就带钱钟书去看房子。

钱钟书自然高兴，这栋房子地段好，离图书馆和学校都不远，穿过街道就是公园，租金和老金家相差无几，在他们的预算之内。他们与房东达蕾女士签了租房合约。这是一位爱尔兰的女士，脾气不太怪。钱钟书跟老金打了招呼，等房租到期就搬进新房子。

新年过后，他们搬到爱尔兰姑娘家的房子里，对于这一对碧玉般的人来说，拥有一个完全独立的空间，是欢欣不已的事情。

新房间里有一整排崭新的、带有很多抽屉的衣柜，可以放很多的书，这一点两个人都很满意。爱尔兰姑娘的厨房用具对外出租，不管是电灶、电壶，还是锅、盘、刀叉、杯子等都可以租到。

搬完家，他们做了晚饭，终于吃了顿饱饭，虽然饭菜不丰盛，但能吃饱不揪心，吃饱坐下看书有种满足感。这就是人类在饱读诗书时，还要照顾肚子的原因。毕竟人以食为天嘛。

第二天早上，钱钟书悄悄起来，在租来的灶具上为杨季康做早餐，做好后放在小桌子上，然后轻轻唤醒还在熟睡的杨季康起来用餐。书呆子钱钟书还挺用心啊，竟然在清晨给最爱的妻做了

杨 *绛传 简朴的生活，高贵的灵魂*

第一顿早餐，这也许就是爱的最深表现。对于钱钟书来说，这种表达爱的方式有点特殊，换来杨季康无法形容的感动。也许她跟钱钟书结婚就没想过，这个"拙手笨脚"的人能做出味道极佳、搭配营养的早餐来。早餐搭配有果酱、黄油、蜂蜜，想用面包涂哪种就涂哪种。杨季康从未吃过这样的西式早餐，还享受到如此温暖的服务，心里感动不已。钱钟书把小桌支在床上，把早餐放在上面后，才叫醒杨季康，这种用心的体贴，任铁石心肠的人都会特别感动。何况杨季康是那种贤良淑德的人，怎会不渴望一个人的疼爱和体贴入微的关怀呢？

坐在床上的杨季康开始享用这充满浓情蜜意的爱心早餐，满满的幸福漾上心头，忍不住说："这是我吃过的最香的早饭。"

这是世上最美的情话，他懂，掩不住心里笑意盈盈。这一笑，就是几十年不改，风雨无阻为她做爱心早餐。一个分不清鞋子左右的人，愿意为心爱的人自愿服务，这种爱，是真爱！

他们在这个温馨、爱心暖暖的房间里，开始比赛谁读的书多。比赛的结果都是不差上下。日子从每一个字眼中溜走，他们送走了时间，留下知识，留下相处时浓浓的情谊，暖意无限，美好无限。

在这里天天吃西餐，钱钟书实在吃不下去了，他开始想念中国菜，最想吃的是红烧肉。杨季康对烹饪一窍不通，为了能让钱钟书吃到家乡菜，她把认识的好友俞大缜、俞大钢姊妹，还有几位男同学叫来，一起研究红烧肉的做法。最后得出正确结论：

第四章
英国逐梦

把肉煮开，倒掉水，加生姜、酱油、佐料，再加水，盖上锅盖炖煮。

方法是对的，可惜英国的酱油除了苦咸，缺少新鲜，英国缺少中国的食材。电炉开足了电力煮了又煮，可无论怎么煮肉都不烂，红烧肉以失败告终。一群大孩子为了吃家乡的红烧肉，在那个居室里七嘴八舌讨论，这道题竟然比哥德巴赫猜想难上千倍。

杨季康没有放弃尝试，为了让钱钟书吃上红烧肉，她又一次买来肉，继续研究做法，这一点小困难怎能难住她。她觉得这道菜肴不应该学不会，怎么可能学不会？她开始回想母亲平时做饭用的火候，后来终于想到文火熬制法。聪明的杨季康买来雪利酒，代替老家用的黄酒。经过对火候的掌握，对调料的掌握，红烧肉终于做成功了。钱钟书在地球的另一端吃到最爱的妻细心研究、烹饪的红烧肉，那激动的心情难以描述，像个孩子一样快活。

成功了这一次，杨季康对自己的厨艺有一点底了，无形中增添了信心。经过不断尝试，她在厨艺上越来越得心应手，她将烹饪红烧肉的方法延伸到其他菜肴上，竟然研究出很多特有的菜。钱钟书从此过上了幸福的生活，身在异域有了家的感觉。

杨季康不能驾驭的是活虾。她在老家看家里人收拾过活虾，要剪掉须和脚。吃虾需要剪掉这些吗？还是想吃虾仁？杨季康刚剪一下，活虾猛地蹬脚，杨季康吓得逃出去，扔掉了剪刀和虾。正在看书的钱钟书看她狼狈的样子，惊讶地问："怎么了？"

杨 *绛传 简朴的生活，高贵的灵魂*

"我一剪虾，虾痛得抽抽了，以后咱们不吃了吧！"

钱钟书闻言大笑起来："虾怎么会痛呢？反正我是要吃的，以后我来剪，你来做。"

在洗洗涮涮中，日子一天一天溜走不再返回。杨季康做饭的心情大打折扣，她觉得吃饭真是浪费时间，要是不吃饭就好了。

钱钟书听了杨季康的话，开始寻"辟谷"的方子来用，看看他们能像神仙一样仙风傲骨，不吃不喝吗？

他做这些，是心疼杨季康了。为此他赋诗一首：

卷袖围裙为口忙，朝朝洗手做羹汤。
忧卿烟火熏颜色，欲觅仙人辟谷方。

不管做多少尝试，不吃饭总是不可能的。就算是神仙也是要吃仙果喝神水的。从这些生活琐事里，可以看出这两个帅才靓女在英国的生活如此不易。他们相知相伴，知道体谅对方，为对方考虑。

第五章
永远灿烂的妻子

在大才子身边陪读,虽然自由自在,但谁都渴望拥有自己的一片天空,渴望命运的波澜,渴望外界的认可……

杨 绛传 简朴的生活，高贵的灵魂

生活琐事觅幸福

两个相亲相爱的人在异国他乡求学，杨季康克服种种困难为最爱的他建设了一座心灵家园，也给自己打造了一个温馨的家。他们在这个家里请同学喝茶，煮中国的饭，看书，讨论问题，幸福而又甜蜜。都说幸福的生活是一样的，不幸的生活却各有各的不幸。可杨季康、钱钟书二人世界的幸福内涵和普通人的幸福还是有不同的。他们以读书比赛为乐，以吃到研究出来的家乡菜为福，以每天的探险收获为荣，这种幸福在时间的流逝中愈加浓厚。

在租住的房子前，他们拍了一张合影，一直保存到现在。杨季康身穿长条纹大衣，领子设计得特别时尚，大而宽，放在这个时代也是很时髦的，戴着手套的她目视前方，留着精致的短发。钱钟书也穿着长呢大衣，三粒纽扣，大驳领，戴方格羊毛围巾，深色眼镜，显得英俊潇洒，手里的书又显出几分书生气来。一高

第五章
永远灿烂的妻子

一矮站在一起,杨季康显得小鸟依人,温柔内敛。

这样一个柔弱女子在国外,竟然扛得住生存的压力,把两个人的生活安排得井井有条,克服一切困难为最爱的他做一切家务活。也许,她不喜欢干那些家务活,毕竟她是喜欢读书的,在为爱人付出的情怀下,她饱含热情地投入到平淡又真实的生活中,将清贫的生活经营得有滋有味。

钱钟书在给父母的家信里,寄奉了一张自己的小照,信中写道:爸爸,娘,近照一张,已变肥头胖耳之人矣!皆季康功也……从这一封家信里能看出钱钟书对爱妻满满的爱,对父母说自己胖了,都是儿媳的功劳。好儿子就是要像钱钟书这样间接夸赞爱妻。这样钱钟书的父母会喜欢这个能干、会照顾儿子的儿媳,他们也会感恩遇到这样的好儿媳。

在钱钟书的心里,对杨季康是感恩的。杨季康从决定陪他山高水长的那一刻起便无怨无悔,她知道既然选择了他,就要放大他的优点,接受他的不足和孩子气,做他贤惠的妻子。这一点杨季康做得很完美,或许还有很多的成就感在里面。

钱钟书的孩子气特别重,这可能和他一出生就被伯父抱去抚养有关。钱钟书的伯父没有儿子,把他抱回家的那天,有人送来《常州先哲丛书》,伯父查阅之后,为他取名"仰先",字"哲良",意思是"仰慕先哲"。钱钟书长到一岁,伯父给他办"抓周",结果他抓到了一本书。伯父很高兴,为他正式取名"钟书"。这就是钱钟书名字的由来,是抓周抓出来的,也是懵懂无

杨 *绛传* 简朴的生活，高贵的灵魂

知的他间接为自己争取的名字。

钱钟书七岁时与堂弟钟韩在私塾上学，才上了不到半年的学，就生病了。疼爱他的伯父舍不得他上学，让他停学在家自己教他学问。这也许是钱钟书孩子气那么重的原因之一。

有一次，杨季康临完字帖，躺在床上睡着了。钱钟书看杨季康睡着的样子特别可爱，顿时玩性大起，于是饱蘸浓墨给杨季康画了个花脸，画完之后自己开心得不行。杨季康醒来后却怎么都洗不掉。她的皮肤光滑、白嫩、吹弹可破，谁能想到这样的皮肤比宣纸还吸墨？钱钟书也慌了，杨季康为了洗净墨痕都快把脸皮洗破了。从那以后，钱钟书再不敢在爱妻脸上乱画了。杨季康虽然受了一点洗脸的苦，但对钱钟书的这份童心，还是欣喜、欣赏的。

杨季康在牛津，生活上很自由，精神世界也放松下来。毕竟是和最爱的人一起生活，除了照顾好他的生活，就是看自己喜欢的书，然后去散步，看看牛津的天空。杨季康在国内上学凭着良好的天赋，完成学业一直没有用太多的功夫，只是对枯燥的政治学功课不感兴趣，踏入文学的殿堂还是从进入清华研究院后开始的。

杨季康知道，要想做到真正登堂入室，还需要不断修炼、不断阅读。在牛津的图书馆，那些丰富的藏书给杨季康打开了一个崭新的世界，在这里，她有足够的时间心无旁骛地读书、做笔记。

第五章
永远灿烂的妻子

杨季康不为自己是旁听生而难过,现在有足够的时间阅读喜欢的书多好,她说:"既不是正式学生,就没有功课,全部时间都可自己支配,我从没享受过这等自由,钟书说我得福不知,他叫我看看他必修的课程,我看了,自幸不在学校管辖之下,他也叫我看看前两届的论文题目,这也使我自幸不必费这番功夫。钟书自从摆脱了读学位的羁束,就肆意读书。"

牛津大学的图书馆里读书的人不多,杨季康选择了一张桌子,每次她都坐在那里,一本书没有看完,就放在桌子上,再来时接着读,跟在自己家一样舒适。杨季康说:"那一学年该是我平生最轻松快乐的一年,也是我最用功读书的一年。"

杨季康喜欢读侦探小说,这种小说吸引人的是一环套一环的情节,读着如身临其境紧张不已,同时也开动大脑,随着破案推出无数个可能。

杨季康读的最多的是西方文学名著,她懂得按照文学史的先后顺序阅读,这样才能更好地吸收、学习,对写作背景有恰到好处的理解。杨季康觉得牛津借读的时光很美好,主要是有一个互相懂得的男人在身边,这样的日子堪称完美,这也是杨季康当旁听生,没有选择继续争取学位的原因。杨季康把名利看得很淡,不追求功利。杨季康既讲究实际又喜欢浪漫,喜欢漫无天际地任思绪飞扬,凭兴趣做喜欢的事。她喜欢徜徉在浩输的书海中与先哲、圣人对话,慰藉漂洋过海远离亲人的思乡之情。

钱钟书的少年时光和杨季康比来缺少该有的乐趣。伯父虽然疼爱他，但在生活上不能细心照顾他，只在学习上严格要求他。钱钟书的伯母长年抽鸦片，根本没时间照顾钱钟书的生活。伯父每天抓他的学习，却忽视了对生活常识的教育。钱钟书在上大学之前，没有好的文具，没有像样的鞋子穿，他生活在一个家庭教育失衡的家庭。当爱妻源源不断收到家信时，钱钟书羡慕之余，只有埋头读书，也不知道在他低头的瞬间，会不会有泪溢出。

　　钱钟书到国外留学，本来是想多学点知识，没想到在牛津还要学习很多不喜欢的课程，要想取得一个学位多难啊！钱钟书羡慕无忧无虑、不远万里还有人牵挂的爱妻，亲情的线紧紧牵扯着这个娇贵的妙人儿，让她无论走多远都能享受到亲人的关怀。相同的两个人一起出来，一个有大把的时间在书海里遨游，一个为了学位苦下功夫，收不到来自亲人的问候，多么强烈的对比啊！

第五章
永远灿烂的妻子

到伦敦和巴黎探险

向达喜欢到杨季康的小窝做客,目的是蹭饭。他说在休士牧师家顿顿吃土豆,一天不吃土豆,这日子都难挨,弄得他快到休士牧师家的时候,嘴里就吐酸水,有心理障碍了。可见在国外留学生的日子也不好过。

司徒亚和钱钟书是同学,他们同读B.Litt学位,两人不喜欢古文书学和钉书学。古文书学还好,多阅读多理解就行了。钉书学要手工来操作,如何将整张大纸折了又折,如何折叠虚线等,这些都是要手工完成的。对钱钟书来说这个难度可能大点,没想到司徒亚也学不会,两个人怎么折也折不对。两人回家对杨季康诉苦,说这课本岂有此理,哪有这样的道理,我们一个人不会就算了,两个人也不会那不就是课本的问题了?

杨季康多聪慧啊,看完书上的说明,再加上女孩子本来喜欢折纸叠花的,对钉线类的事容易理解,杨季康便指出他们的纸正好折反了,不能按照课本上画的来做,因为那里画的是镜子里的反映式。两个人反过来折果然对了。两人从这件事上看出杨季康聪明,便让她和他们一起学习古文书学。杨季康欣然同意,她还找出一支耳挖子,示范给钱钟书和司徒亚看,这样用针尖点着一个一个认字不容易混淆。

牛津考试和国内考试有很大的区别,不记速度只要求认字正确。考生翻译不要求你能翻译多少,能保证几行字正确就行,错一字倒扣分。钱钟书以为和国内考试一样呢,题目也没看清就抓紧时间翻译,把整页古文都翻译了。结果当然惨了,他得的分数赔光还不够,还倒欠了很多分数。钱钟书知道规则后反而放宽了心,他想只要重新考试,把会的翻译过来准能及格。

放暑假时,两人终于背起行囊走出爱巢,来了一次说走就走的旅行。他们把行李寄放在房东达蕾女士家,约定了一套稍大的房子。他们的目的地是伦敦和巴黎。

杨季康和钱钟书是第二次到伦敦了,第一次到伦敦时,钱钟韩带领他们游览了伦敦的有名建筑。钱钟书特别羡慕堂弟在暑假骑自行车游览德国和北欧,一个人到工厂实习。这两点他都做不到,他只会在杨季康的陪同下"探险",从租住的寓所到海德公园、再到位于托特纳姆路的旧书店;偶尔从动物园逛到植物园;从富人区的西头走到贫民窟的东头。这次去伦敦和巴黎远游只因他爱她,愿意陪她读万卷书、行万里路,走出书斋一路风尘地游览喜欢的地域。中国古人的求知模式:读书破万卷,下笔如

第五章
永远灿烂的妻子

有神,自我修养的途径是与其闭门造车,不如行万里路。从古至今,有多少文人墨客为了开阔胸怀,带着满腹诗书周游世界啊!

有的人不知道怎样活才不虚度人生;有的人喜欢用物质来奖励自己,赚很多的钱,躺在钱堆上睡觉才踏实;有的人愿意用双脚来丈量脚下的土地;有的人喜欢在书屋里和古人对话;更有人放下书本,拿起简单的行李,相约好友在山水间激活麻木的生命。无论哪一种,都是活着的方式,都是对自己的厚爱。

风华正茂的杨季康不愿辜负岁月,她从曲径通幽的苏州园林起步,走遍名胜古迹的北京,又远渡重洋学习新的知识,游览异国的风土人情。在那个时代的女性中,这样见多识广、博览群书的女子屈指可数。学习,让她优雅从容;旅行,让她胸怀宽阔,始终对生活充满美好的想象。在旅行中能认识更多志趣相投的人,这样在一起谈天说地,思想上也能碰撞出火花。

杨季康在巴黎遇到很多同学。当时,政府当局给钱钟书打来电报,派他到瑞士日内瓦开会,做1936年的"世界青年大会"代表。代表只有三人,钱钟书不认识另外两人。

在巴黎时,钱钟书经人介绍认识了中国共产党人王海,此人住在巴黎,认识后,王海邀请二人到中国饭店吃饭。席间,王海请杨季康当"世界青年大会"的共产党代表。杨季康没有理由拒绝,这样她就能名言正顺地陪同钱钟书到日内瓦去了。对此,杨季康很得意,这样两人同到瑞士去,她自己也有身份,不是跟钱钟书去的。他们跟随共产党代表在开会前夕乘夜车到日内瓦。

他俩和陶行知在一个车厢,三人聊天特别畅快,谈到天亮还没尽兴。夜间,陶行知带领杨季康和钱钟书走出车厢,在拥挤的火车过道里,看车窗外的天空,教他们用科学的方法辨别天上的星星。日内瓦素有"万国之都"的美誉,风光旖旎。杨季康怎能辜负如此美景,在"世界青年大会"开会期间,这两位大会代表都不好好开会,只要遇到能溜走的机会,一概开溜,行走在日内瓦的大街小巷、旖旎风光里。

他们蹒跚着走在窄狭难走的山路上,到莱蒙湖边探险,看到浩渺的大湖,想要绕湖一圈。走啊走啊,却怎么也走不到湖的对面,根本没法儿用脚来走一圈。为了纪念这段浪漫多情的探险,钱钟书作诗一首:

莱蒙湖边即目

瀑边淅沥风头湿,雪外嶙峋石骨斑。
夜半不须持挟去,神州自有好湖山。

对那些重要的会议,杨季康和钱钟书还是很重视的,总是积极参加。像中国青年向世界青年致辞的大会,他们就早早赶到会场,用实际行动支持上台发言的共产党代表。钱钟书还撰写了英文的讲稿,反响还不错。

像杨季康这样才华出众、思想独立的女子,在国外有无数个可能、无数个偶遇改变一生。就如偶遇共产党人参加"世界青年

第五章
永远灿烂的妻子

大会"一样,如果她愿意,可以有更好的前途。生活像一幅五彩斑斓的画卷,在她面前徐徐展开。她喜欢文学巨著,外面的世界对她更有吸引力。

在大才子身边陪读,虽然自由自在,但谁都渴望拥有自己的一片天空。正如杨季康所言:我们曾如此渴望命运的波澜,曾如此期盼外界的认可……

杨季康能与爱人分担寒暑,也能共享霓虹,她是橡树一般的女子,在柴米油盐的生活中闪耀着光华。

杨 绛传 简朴的生活，高贵的灵魂

钮先铭眼中的
　　钱钟书夫妇

　　杨季康在牛津，从不食人间烟火的淑雅女子修炼成应付生活琐事的能手。她的诗情画意依然，没有在煮茶煮饭中消失殆尽，她依然容貌秀丽地行走在异国他乡。她那未经尘世熏染的、泛着细瓷般光泽的娃娃脸，配上齐耳短发，在人群中更显与众不同，路人对这个像水果一样鲜嫩的美丽东方女子频频注目，惊叹这样美丽的女子竟然在街头漫步。杨季康的美与众不同在于，书香气质的修养从内往外散发，这是很多女子无法企及的，也是难以掩饰的书卷之气。

　　在巴黎游玩期间，钱钟书和杨季康遇到几位老同学，他们在巴黎大学上学。杨季康在清华大学一起上法文课的同学盛澄华也在其中，这次偶遇真是太意外了，三人都很兴奋。盛澄华说在巴黎大学学习两年就能拿下学位。巴黎大学和牛津大学不同，这儿没有"吃饭制"，盛澄华建议杨季康夫妇在这儿注册上学。二人

第五章
永远灿烂的妻子

听从了盛澄华的建议,全权委托他代办注册入学手续。到了1936年的秋季,他们注册上学手续完成了,身在牛津的杨季康夫妇已经成为巴黎大学的学生了。

钮先铭是钱钟书的好友,他为钱钟书夫妇写了一本《记钱钟书夫妇》的书籍,在书中详细描述了在巴黎与钱钟书夫妇相遇的过程。这是一段珍贵的文字,像旧的录像带,带我们回到1936年的巴黎:

1936年,我和程思进——程天放先生的令侄,同住在巴黎多纳福街的公寓里,位置在巴黎大学的后方,是学生的聚集地,五区又名拉丁区,是法国的文化中心。有一天,我与思进出了公寓的门堂,看见一对夫妇走进来,正用英语商量租一间公寓。那是东方人的面孔,男的留着一小撮希特拉式的胡子,女的梳马桶盖的娃娃头。二十多岁的一对青年,这种打扮,人在法国,而说英语,真是不伦不类!引起了我和思进的注意,认为是日本人,我和思进都曾留学过日本。这就是钱钟书和杨季康夫妇。

从此我们四人做了好朋友。但时间不长,因为钟书夫妇是从英伦来度假,藉以搜集一点法国文学的资料。我们的友谊进展很快。思进学理科,我学军事,钱氏夫妇学文学,各人的知识有相互交流的新鲜,地域跨越欧亚和日本、法国、英伦的国界。

我们有摆不完的龙门阵!有一点是我们这"四人帮"所共同的,那就是我们对中国古典文学的欣赏。

杨 *绛传 简朴的生活，高贵的灵魂*

记得正逢七夕，我们一同到罗衡、张帮贞两位女同学所住的地方去赏弓。钟书从他厚厚的近视眼镜仰望着满天星斗，高兴地说："月亮不仅外国的圆，星星也比中国的亮；你看，牛郎正吹着横笛是Charles Camille Saint-Saens所作的曲子。"

"珊珊斯是谁？"我问道。

"是法国的作曲家，所作曲子最有名的是《死的舞蹈》。"这回是杨季康的答复。

钟书不理会他太太的插嘴，反过来对我说："老钮，你谱《鹊桥仙》的调子写一首词，让老程来画张画，我来写题词。"

"好！我填词！"我说着，同时念了两句《鹊桥仙》的词：两情若是久长时，又岂在朝朝暮暮？

"胡扯，那是秦少游写的，我要你作。"钟书还是盯着我。

我对词根本没有修养，只好岔开说："季康，我们三个大男人都有任务，你呢？这不公平！"

"我呀！只要和钟书朝朝暮暮相会就够了！"杨绛拉着钟书的手，圆圆的脸，笑起来像个洋娃娃。

青年时代的钱钟书，对文学有一股奔放的思想，对于东西双方的文化都有极深的造诣，杨季康也不赖，真是一对天上的眷侣、人间的鸳鸯，而我只羡鸳鸯不羡仙！

钮先铭的记录活灵活现，再现了他们在一起探求学问的时光，从第一眼相见到成为朋友，到钱钟书认真让钮先铭谱曲，容

第五章 永远灿烂的妻子

不得钮先铭的忽悠。这段文字给我们更深的印象,哪怕是在另一个半球,中国人相遇谈论最多的还是中国的诗、中国的曲,正是这种深入骨髓的文化,才得以千百年来传承下去。

钱钟书在巴黎遇到朋友写诗留念,写了很多五律,摘录《槐聚诗存》中的两首以飨读者:

巴黎咖啡馆有见

评泊包弹一任人,明灯围里坐愔愔。

绝怜浅笑轻颦态,难忏残羹冷炙心。

开镜凝装劳屡整,停筋薄酒惜余斟。

角张今夜星辰是,且道宵深怨与深。

清音河上小桥晚眺

万点灯光夺月光,一弓云畔挂昏黄。

不消露洗风磨皎,免我低头念故乡。

电光撩眼烂生寒,撒米攒星有是观。

但得灯浓任月淡,中天尽好付谁看?

"免我低头念故乡",在异国他乡求学,不思念家乡是假的,"不消露洗风磨皎",才能不低下头想念故乡。通过这两首诗,我们能间接了解二人在巴黎所思所想、所作所为。他们身为凭借庚子赔款到海外求学的人,心儿始终装着祖国不敢忘、不能忘。

在牛津诞下爱女

探险回去后,达蕾女士很守信用,果然把那间大点的房子租给了他们,房子里没有了盘旋的加热管,还有新式的大澡盆放在洗漱间里。他们用的热水是电加热的,用起来很舒服也很方便,一个月后,他们开始节约使用热水,因为电费太高了。

钱钟书继续在牛津上学,杨季康继续系上围裙卷起袖子,做饭照顾钱钟书。钱钟书每天早上还是悄悄起来,为最贤的妻做早餐。杨季康把全部的爱倾注在午饭上,她把做饭当成了专职,只有自己不能搞定的时候,才喊钱钟书当助手。

有天,杨季康发现自己怀孕了。

钱钟书知道后,喜悦之情不言而喻,他忽然想到自己的笨拙,于是对爱妻谆谆嘱咐:"我不要儿子,我要女儿,只要一个,像你的。"

这个做父亲的想来有多可爱啊!妻子太优秀,他只想要一个

第五章
永远灿烂的妻子

和爱妻一样的女儿,不像他一样筷子用不好。他不知道杨季康想要像谁的孩子。

杨季康想生一个像钱钟书一样的女儿,不能"像我"。相爱的人连孩子像谁都做好了期盼,把孩子想象成对方的样子,这,才是爱的最高境界。不过,人类的遗传还要看谁的基因强大才行。一般父母谁基因强大,孩子长得就像谁,基因弱的一方,明显不占优势。

杨季康以为孩子在肚子里,可以不受影响,她想做什么就做什么。哪知道月份大了,一切都不听自己指挥了,不管是身体还是精神,都要贡献给身体里孕育的新生命。这让她既幸福又忐忑。

在年终日记里,钱钟书这样写道:"晚,季总计今年所读书,歉然未足……以才援而能为贤妻良母,又欲作女博士……"

他们比赛读书,到了年终杨季康比钱钟书少读了很多,读书计划也没完成。钱钟书写日记开杨季康的玩笑,在生活中还是很重视她的,还没到预产期就到产院定下单人病房,为了妻儿的安危,特意请女院长给爱妻介绍专家大夫。

院长不知道这个东方男人在接生上介意不介意男性,于是试探性地问:"要女的?"

钱钟书没有犹豫说:"要最好的。"

女院长才明白这个东方男人很开放,不介意男医生接生。女院长介绍了斯班斯大夫给他们。斯班斯大夫有花园洋房,距离钱

107

杨 绛传 简朴的生活，高贵的灵魂

钟书租住的寓所不远，这样照顾起来很方便。

斯班斯大夫预计杨季康的生产日期是乔治六世加冕大典（5月12日）这天，还说杨季康将生一个"加冕日娃娃"。到了预产期的日子，这个孩子也没来，也许他不喜欢这个日子，想要一个属于自己的好日子吧！

杨季康在18日由汽车送进了产院，到了19日孩子还不愿意出来，他也许想在温暖的肚子里能多待几天就几天，坚决不出来。可是，大夫是理智的，他给杨季康用药，让她睡去。

杨季康醒来，浑身疼痛，无法移动，肚子一下空了却没看到孩子，自己反而如孩子般被包在法兰绒毯子里，脚后跟热热的，她试探了一下是热水袋。她问守在身边的护士："怎么回事儿？"

护士笑眯眯地说："你做了苦工，很重的苦工。"

另一个护士在门口探头，忍不住好奇地问杨季康："你为什么不叫不喊呀？"

几位护士在杨季康生产时，眼看她痛得要死，却不吭一声。

杨季康说："叫了喊了还是痛呀。"

护士奇怪地问："中国女人都通达哲理吗？中国女人不让叫喊吗？"杨季康如何回答这样的问题呢？她又没见过别人生孩子。

一位护士说着话，把杨季康的孩子抱来让她看，她说："娃娃生下来，浑身青紫，是我拍活的。据说这是牛津出生的第二个中国婴儿。"杨季康听到这儿，再也没有力气说话，又迷迷糊糊、昏昏沉沉睡去。

第五章
永远灿烂的妻子

杨季康生产这天,钱钟书来了四次。他们的寓所离产院不远,不通公交车。钱钟书第一次一个人横越几道平行的公交车路来看妻子。对于一个出门迷路的人来说,好担心他把自己弄丢了。他上午历尽艰难而来,护士告诉他是女儿,但是不能和夫人见面。第二次又艰难而来,护士说已经给夫人上了"闷药"没有醒,不能见面。等钱钟书第三次来终于见到了爱妻,杨季康已经脱离了法兰绒毯子,只顾昏昏地睡,他们没有说一句话。

下午茶之后,钱钟书第四次来看爱妻,杨季康已经清醒,护士从婴儿室抱出婴儿给钱钟书看。钱钟书仔细看、反复看,得意地说:"这是我的女儿,我喜欢的。"

杨季康知道钱钟书来来回回走了多趟,害怕他累着,让他坐汽车回去。钱钟书很听话,再说他也确实累了,一个总是迷路的男人硬是在爱妻生产这天,准确地找到妻子的产房,两次未见还依然执着地来来去去。这也许是他在国外唯一牵挂的人在此的原因吧!

护士在杨季康出院的前两天,带着她乘电梯下楼参观那些住在普通病房的产妇。一间产房里住着32个妈妈,生了33个娃娃,有一对是双胞胎。杨季康看到这么多产妇和娃娃挤在一间房里,更感激钱钟书的体贴入微,不让她受一点儿委屈。

护士专门让杨季康看如何给娃娃穿脱衣服、如何过磅、如何给娃娃洗澡。这些娃娃有专门挂在妈妈床边的摇篮。杨季康很羡慕这些挂在床尾的娃娃,这样就能看到护士怎样给孩子洗澡换衣服了。她只能听见娃娃哭,看不到娃娃,连护士教她给娃娃洗澡穿衣都看不到。幸亏护士把她喊下来参观,又拿那33个娃娃做示范,杨季康才学会。

钱钟书在爱妻生产期间一个人过日子。有一天,他照例到产院探望,苦着脸对杨季康说:"我做坏事了。"杨季康顿时紧张起来,不知道钱钟书干了啥坏事。经过询问才知只是打翻了墨水瓶,染了房东家的桌布。

杨季康忍住笑说:"不要紧,我会洗。"

钱钟书不放心地说:"墨水呀!"

"墨水也能洗。"杨季康淡定地说。

钱钟书放心地回去了。第二天,钱钟书又来说:"我又做坏事了!"杨季康仔细询问一番,才知道他把台灯砸了。她安慰钱钟书说:"不要紧,我会修。"

钱钟书得到这个答案,又放心地回去了。

钱钟书再来时,愁容满面啊,又说这次把门轴弄坏了,门不能关了,门轴两头的门球给弄脱落一个。杨季康依然说:"不要紧,我会修。"他又放心地回去了。

一个大孩子似的才子,在爱妻生孩子住院时,频频弄坏家里的生活用品,来看爱妻都是求助的。如果换作别人,恐怕早就暴跳如雷了,这月子还让人坐不?家里那么多"坏事"等着产妇解决?杨季康的伟大之处在于包容,愿意承担。她会修门轴吗?不会。但是她愿意答应下来,让心爱的他放心:有我,你别难过,也不用担心。

第六章
变身『我们仨』

杨季康：「我自己才做了半年妈妈，就失去了自己的妈妈。常言「女儿做母亲，便是报娘恩」。我虽然尝到做母亲的艰辛，却没有报得娘恩。」

愿得一人心，
白首不相离

钱钟书像个孩子似的，遇到困难找爱妻，哪怕是她刚刚生下孩子。依赖一个人，比爱一个人更甚。杨季康安慰他"不要紧"，他的心就真的放下了，回去继续不小心弄坏另一样东西。这样可爱的大男孩单纯得让人想抚摸几下头发：天哪！发出一声惊叹而已。

他们在游览伦敦时，一个疗在钱钟书的额骨上安营扎寨，不肯离去。杨季康很着急啊，央求朋友给介绍了一位英国护士。这位护士用心地教会杨季康做热敷。

当时，杨季康是这样安慰钱钟书的："不要紧，我会给你治。"

杨季康很认真，每隔几小时给钱钟书做一次热敷，几天工夫，钱钟书颧骨上的顽固分子就被连根拔去，没留下一点疤痕。

第六章
变身"我们仨"

钱钟书在感激爱妻的同时,对她说的"不要紧"更是深信不疑。

在产院里对住院的产妇是有规定的:一般住单人房的产妇,住一周或者10天就可以出院了。那些住在普通病房的产妇只能住5天就得出院,特殊情况除外。医院里的床位是有数的,单人房更少,医院不希望产妇住在医院太久。每次杨季康准备出院,总会出现事故,她吃得少身体也不好,在医院里一住就是三个星期,差点把月子过完了。产院只能把她当特殊病号对待。

护士会在天气晴朗时打开落地长窗,把杨季康的床拉到阳台边。让身体虚弱的产妇多晒太阳,多看外边的风景。护士虽然想得周到,杨季康还是羡慕普通病房的产妇,她们可以相互交流育儿经验,谈天说地,看着自己的婴儿入睡。杨季康的娃娃在婴儿室,和她是分开的,只有娃娃饿的时候,护士才抱来婴儿吃奶,吃饱后护士又抱回婴儿室。婴儿室只有穿白大褂的人才能进去,有专人看管。杨季康多想和别的产妇一样睁开眼就看到孩子啊!

护士们喜欢这个"高歌小姐",这位"东方女婴"生下来被护士拍得哇哇大哭,哭声嘹亮,护士戏称她为"Miss Sing High"。护士起的昵称一直用了下来,也音译作"星海小姐"。

杨季康终于熬到没有状况可以出院了。钱钟书叫来汽车接她们出院。杨季康跟着钱钟书回到寓所,钱钟书端来炖好的鸡汤,里面放着碧绿的嫩蚕豆,赏心悦目的颜色搭配。杨季康吃着,感动得只想流泪,被这个大孩子一样的才子体贴,该是怎样的幸福啊!她想如果公公知道他们的"大阿官"能这样伺候产妇,该有

杨 绛传 简朴的生活，高贵的灵魂

多惊奇！

　　杨季康有点时间先把沾了墨水的桌布洗了，钱钟书看到很是赞叹，夸爱妻心灵手巧。接着她又把台灯换了灯泡，台灯又重新发出温暖的光。由于修门的难度大，杨季康用了很多办法才把门修好，但是，关门还是很费劲。他们在这样的房子里觉得很安全，自己都难以关上，别人想进来也很难。也许在钱钟书的心里，杨季康在，才是家的样子吧。他像孩子一样沉溺在她的爱里，与女儿和最贤的妻过起了三人世界。人生最完美的世界是：两个相爱的人经过时间的孕育，生下爱的结晶，每天每时每刻，看着这个小小的结晶，这就是幸福！

　　聪慧贤明的杨季康在婚姻里用爱、包容、智慧为钱钟书撑起一片爱的天空。充满智慧的女人是人世间的尤物。

　　爱一个人就要包容对方的缺点，杨季康便是如此，她从不试图改变钱钟书，也不用家务事麻烦他。只要是自己能解决的，不让钱钟书知道，知道了也没用，他也不会啊！这样无私的爱促使她只给他分享幸福，不管多少烦恼、麻烦，都只留给自己。智慧的她深深地知道，只有分享甜蜜才会获得双倍的甜蜜，分享烦恼则会获得更多的烦恼，还会徒增无谓的焦虑和没完没了的争执。

　　人世间的男男女女看不破这点，纷纷从童话走向怨恨。只有学会经营爱情和生活，不把希望寄托在永恒的快乐上，避免幽怨暗生，抛弃争执，才能避免婚姻走向破碎的结局。婚姻之道也是爱情相处之道。对此，杨季康深知其理，看透了爱情的相处

第六章
变身"我们仨"

之道。

想要爱情始终如新,还要经常自省,始终清醒。不管杨季康的婚姻爱情里有没有孩子出现,她都"珍惜得到的每一分,而那些没有得到的,皆是本应与自己无关的,唯'愿得一人心,白首不相离'"。这种笃定和美好才是杨季康追求的。

这对集知识、才气于一身的新手父母开始学着抚养女儿了。经过摸索实践,杨季康已经能熟练地给婴儿换尿布、穿脱衣服、给婴儿洗澡。看着婴儿熟睡的样子,心里满满的幸福,她的目光里满是慈爱,对婴儿,还有他。

钱钟书在牛津的学业快结束了,正在准备论文答辩。为了照顾好母女俩,他总是想尽办法为产妇做可口的饭。炖鸡,鸡汤给产妇喝,催奶给婴儿吃,自己吃鸡肉,一点不浪费。做作业的时候,钱钟书总会看几眼婴儿。他们都疼爱这个整天睡觉的婴儿,两个人忙于学业,对婴儿照顾得不周全。杨季康给婴儿照相寄回了老家,家人收到婴儿的照片,发现她睡的摇篮竟然是书桌的抽屉!

很快,钱钟书的父亲钱基博为婴儿取了名号"健汝",婴儿属牛,另起一卦"牛丽于英",以号"丽英"。钱钟书夫妇看到这个从中国来的名号,觉得拗口,一点也不喜欢。他们给婴儿取名钱瑗。后来又取了好多诨名,最后觉得顺口的还是"圆圆",叫着叫着就变成了"阿圆"或者"阿瑗"。在孩子取名上,钱钟书夫妇虽在国外,还是没有忘记传统,将命名权交给了父亲。

对于这个爱情的结晶,钱钟书自然是爱意满满,每天看都看不够。杨季康说女儿是她平生唯一的杰作。

阿瑗的存在丝毫没有影响钱钟书对杨季康的爱,每逢阿瑗过生日,他总要对女儿说:"母难之日。"让女儿铭记母亲的恩情。

有了阿瑗后,他们没有再要孩子,钱钟书害怕杨季康再受生育之苦。但是,他还不想表现自己,只对爱妻说:"我们如再生一个孩子比阿瑗好,我们就要喜欢那个孩子,我们怎么对得起阿瑗呢?"

是啊,两个人把所有的爱倾注在一个孩子身上,那是很珍贵的,在那个随便生、放开生的年代,他们的一生,只生了这一个孩子。也许,最深的爱便是如此吧,爱妻、爱夫、爱女,其他人再难融进去。

第六章
变身"我们仨"

"我们仨"在巴黎

钱钟书在伺候妻女期间完成了论文答辩，获得牛津大学学位，这是多么完美的事啊！同在牛津留学的庚款生，很得意地告诉钱钟书："考官们在口试时只提了一个问题，以后就没有谁提问了。"大家都认为钱钟书能顺利通过口试，没想到他还要重写论文，这是再糟糕不过的事了。钱钟书的另外一个英国朋友，论文没通过，口试也没通过，这样就得不到学位。钱钟书拿到文学学士文凭后告别牛津好友，收拾行李，看着婴儿说不出的幸福，接下来他们就该到巴黎大学上学了。

如果按照生活三部曲来走完人生，当走到某个节点上，一个人的身份会发生变化。比如为学生、为人妻人夫、为人母人父、为人爷为人奶，在这个转换过程中，要适应身份的转变承担不同的责任，能接受转变者为幸，不能接受者为苦。

阿瑗百天时，他们从牛津出发，坐火车到伦敦后，转车到多佛港口，再乘坐渡船出海到达法国加来港，进入法国的国境，换火车到巴黎，经过一路颠簸，终于到了目的地。盛澄华早就等在火车站来接他们了，他已经为三口之家租好了公寓，这次专门前来接站，送他们到公寓。公寓距离车站不远，距离巴黎市中心只需要五分钟的车程。到了公寓，两人卸下疲惫，这一次不用自己到处找房子了。

杨季康在《我们仨》里写道：

阿瑗穿了长过半身的婴儿服，已是个蛮漂亮的娃娃。一位伦敦上车的中年乘客把熟睡的阿瑗细细端详了一番，用双关语恭维说，A China Baby（一个中国娃娃），也可解作a china baby（一个瓷娃娃），因为中国娃娃肌理细腻，像瓷。

钱钟书不会抱孩子，把应该手提的打字机之类都塞在大箱子里。他两只手提两只小提箱，我抱不动娃娃的时候可以和他换换手。渡轮抵达法国加来，港口管理人员上船，看见我抱着个婴儿立在人群中，立即请我出来，让我抱着阿瑗优先下船。满船渡客排成长队，依次下船。

我第一个到海关，很悠闲地认出自己的一件件行李。钱钟书随后也到了。海关人员都争看我们的"中国娃娃"，行李一件也没查。他们表示对中国娃娃的友好，没打开一只箱子，笑嘻嘻地——画上"通过"的记号。对此，我顿生好感：觉得法国人比英国人更关心并爱护婴儿和母亲。

第六章
变身"我们仨"

一路上不断换乘交通工具,钱钟书不会抱孩子,杨季康只有自己抱,幸亏一路相遇的乘客对孩子进行照顾,让杨季康感觉到异域的温暖和友爱。在文字的记述下,那些在港口工作的人员不管走了多远,他们永远活在暖心的故事里,他们是那段岁月里永恒的坐标。他们用实际行动证明,关心爱护妇女儿童从我、从细节做起。规矩在需要的人那里是活的,为方便弱势群体而活。

巴黎大学比牛津大学早创办100年,可谓是历史悠久,学风宽松自由。杨季康进入学校第一天便深切地体会到两所大学的不同风格。她不能再像在牛津当旁听生那样松懈了,如果不抓紧两年的时间,恐怕拿不到文凭。尤其是自己带着孩子,与别人不同,唯有比别人多付出努力才行。

杨季康租住的公寓主人叫咖淑夫人,是一名退休邮务员。她的一栋房子是用退休金购买的,同时提供部分房客的一日三餐。

比起牛津老金家的饭菜,咖淑夫人家的伙食又便宜又丰盛。她的厨艺特棒,做菜很拿手。她丈夫专职买菜,不怕人多吃,他买了鱼肉还要买鸡鸭,一点也不心疼。夫人把做好的饭摆在餐厅的大桌子上,这个桌子可以坐十几个人,大家围在桌子前自由吃饭,没有限制也没有拘束。租房子的单身房客为多,只有杨季康是一家三口,他们租的房子配备了厨房。但钱钟书担心带着孩子上学再做饭会忙不过来,看着伙食好也跟着包饭。两人吃包饭的时间很短,他俩觉得这样吃饭用的时间太长,比起他们自己做饭来，吃集体饭耗费的时间太多，两个人把时间当金子看待的，怎能把最好的时间浪费在每天等待集体吃饭上呢？没过多久，他们开始做饭吃。

在巴黎留学的中国学生很多，他们三五成群行走在这个浪漫之都。那些在欧美留学的中国学生，放假了也到巴黎度假，过境观光的旅客也很多。以至于杨季康出门，不是碰到旧相识就是老同学，他乡遇故知的喜悦之情不难言表。在巴黎他们找到了旧友也结识了很多新朋友，他们经常聚会，像亲人一样相互帮助，为朋友解决困难。

杨季康本来计划争取更多的学习时间，把孩子送到托儿所。当她打听到那里的小孩子要遵守规矩的生活，不管是吃饭喝水还是睡觉都要一样时，她觉得这么小的孩子按部就班地生活太可怜，也舍不得送，只得自己带。

在公寓里，有个公务员的太太没上班，他们没有孩子，丈夫早出晚归太太无事可做，她经常抱阿瑗玩。玩习惯了便玩出了感情，她竟然每天都要带着阿瑗玩，这样杨季康便有时间学习了。为了表示感谢，杨季康给这位太太支付了一点报酬。有人喜欢帮他们带孩子，这样在巴黎的生活没有多少束缚，可谓自由自在。钱钟书觉得在牛津为了一个学位赔掉的时间太多，学了那么多无用的学问很不值得。这次，他准备将精力用在学习文学知识上。这种思维慢慢影响了杨季康。他们在巴黎上学，没有按照大学的课程来，仍然是按着自定的课程来读书。

第六章
变身"我们仨"

  这时的他们已经知道享受，不上课的时候，经常到咖啡馆享受一下咖啡的醇厚，再观察一下别人的衣着和言行举止，讨论一番。这二人开始注意从社会风俗中学习语言，汲取他们需要的知识。逛逛旧书肆是他们一贯的作风，不管走到哪儿也不能改变这个嗜好。晚上回到公寓带孩子发愤读书，忙得不亦乐乎。

身在巴黎，心系故土

杨季康和钱钟书带着孩子在巴黎求学，这一年，他们获益良多。钱钟书终于有时间下功夫扎扎实实地读书了，他最先读的是绛容的诗集。接着钱钟书又读了18—19世纪著名作家的作品。不管是法文还是德文，他拿起来就读，我们知道钱钟书还懂英文、意大利文，加上中文就是五种语种。看到这儿，有没有似曾相识的感觉？是的，杨季康在牛津借读的时候也是这种读书模式。也就是说，这种模式是可以直接借用的，就像我们学习历史，最好从开天辟地开始学习。只有从源头读书，才能厘清文学的脉络，对文学的发展史有清晰的了解。

这一年，小小的阿瑗眼睁睁看着爸爸恣意、忘我地读书，小小的她一定好奇，那一本本的书里藏着多少好玩的呢？让爸爸那么忘我，不瞅一眼阿瑗呢？钱钟书和杨季康到法国同读福楼拜的《包法利夫人》时，他不认识的生字比爱妻多，仅仅经过一年的

第六章
变身"我们仨"

用功,他的法文就远超了她。这一年对于钱钟书来说,是大量积累知识的时期,尤为重要和可贵。这一点对于杨季康来说也是一样,在巴黎深造的这一年,她已经知道从书本之外深入了解欧洲的风土人情、语言特性、文化习俗。这些对于她以后的成长颇有裨益,为她掌握多种欧洲语言提供了实用性、参考性和灵活性的指导和帮助。杨季康在牛津时把钱钟书在巴黎学习的书籍已经看过了,她透过社会众生相开始实践、验证书本里的知识,对于这一点,杨季康比钱钟书先走一步。

阿瑗在这样的环境熏陶下,刚能坐稳当就拿着一本硕大的书,一面看一面在书上画,虽然她看不懂,她也是在认真阅读的。当人们说孩子日益难管时,有没有想过古人说的言传身教?钱钟书夫妇把这一点做到了极致,才培养出与众不同的女儿。

明明有个乖巧爱看书的女儿,钱钟书给朋友司徒亚写信却说:女儿顽劣。这也许是对女儿溺爱的一种表达方式,故意夸张的吧!

杨季康是这样说女儿的:

其实女儿很乖。我们看书,她安安静静自己画书玩。有时对门太太来抱她过去玩。我们买了推车,每天推她出去。她最早能说的话是'外外',要求到外边去。那时,阿瑗吃得胖嘟嘟的,小身体十分结实,很快从一个小动物长成一个小人儿。她的小手小脚,粉嫩嫩的,胖乎乎的。阿瑗更多的像爸爸,连手脚的骨骼都很像。钱钟书对女儿喜欢得不能自禁,经常看看这里、亲亲那里,总觉得爱不够的样子,而且经常去闻闻她的小脚丫,然后装出恶心要吐的样子。

这样快乐的三口之家,每天快乐地生活、快乐地读书,三生修来的缘分啊!如果真的有缘分的话。不管在什么样的家庭里,孩子都是父母的太阳、心肝宝贝,无论怎样疼爱孩子,都觉得这样不行那样不够。

杨季康在快乐的氛围内开始写作,写出了很多优美的文章。

优美的散文《阴》,素淡中见意蕴悠远,落笔虽淡却见动情,笔下的气象万千,字字句句尽显功底:

一棵浓密的树,站在太阳里,像一个深沉的人;面上耀着光,像一脸的高兴,风一吹,叶子一浮动,真像个轻快的笑脸;可是叶子下面,一层暗一层,绿沉沉地郁成了宁静,像在沉思,带些忧郁,带些恬适。松柏的阴最深最密,不过没有梧桐树胡桃树的阴广大。疏疏的杨柳,筛下个疏疏的影子,阴很浅。几茎小草,映着太阳,草上的光和漏下地的光闪耀着,地下是错杂的影子,光和影之间那一点儿绿意,是似有若无的阴。

这篇文章从景色谈及人,似写意又似工笔,丝丝入扣,出手不凡,她的文学从这儿开始起步,起点很高。当生活和学业逐

第六章
变身"我们仨"

渐丰盈起来时,思乡的愁慢慢散开,离开祖国那么多年,她想家了。

杨季康不管走到哪里,都会给家人写信,汇报途经点。收到家里的回信要过很久,毕竟千里迢迢,耽误的时间过长,收到信时一个季节都快过去了。时间久了,单靠遥遥无期的回信已不能安慰她在异乡的灵魂。尤其是阿瑗来这个世界不久后,她再没收到家里的回信,家里的消息一点也得不到。

后来在报纸上,他们得知家乡和许多地方沦陷了。杨季康开始担心亲人有没有遭遇危险?可怎么写信也得不到回复,她由着急变得慌乱起来。终于她收到三姐的来信,信中说:父亲已经带着我们来到了安全的上海,你只管安心读书。勿念!

大姐在杨季康迁居法国后来过几次信。杨季康总觉得缺少了一个声音,怎么看不到妈妈的信了?大姐在年后写信来说:妈妈已于去年11月间逃难时去世。

杨季康得知母亲去世,一下想到出国途经家乡火车站,强忍不住的泪水,被挡住的回家脚步,她又一次失声痛哭,不能自制。等她安静下来,用文字记录了这时的感觉:"这是我生平第一次遭遇的伤心事,悲苦得不知怎么好,只会恸哭,哭个没完。钟书百计劝慰,我就狠命忍住。我至今还记得当时的悲苦。但是我没有意识到,悲苦能任情啼哭,还有钟书百般劝慰,我那时候是多么幸福。我自己才做了半年妈妈,就失去了自己的妈妈。常言'女儿做母亲,便是报娘恩'。我虽然尝到做母亲的艰辛,却

125

没有报得娘恩。"

可能父亲害怕阿季难过,夫人去世后,他再没有给阿季来过信,也许,他害怕自己一不小心,泪水把信纸打湿吧!在人生的单趟旅行中,没有永远能抓住的手,总会在无意识中,失去那个陪我们走一程又一程的人……

远在他乡的杨季康开始寝食难安,她担心父亲、担心家人……

第六章
变身"我们仨"

乱世家人

他们生活在乱世,在战事起前到国外深造,当钱钟书知道自己家人也在颠沛流离中辗转多地,最后只有躲在亲戚家暂时逃过一劫时,开始担惊受怕。几番思量后,他们决定放弃学业带着孩子回国。

他们本来可以拿到学位,多学点知识,他们喜欢巴黎的氛围,喜欢这个浪漫之都。可是,第二次世界大战已经打响,日军已经开始侵略中国,国难当头匹夫有责啊!他们在祖国的召唤下匆匆踏上回家的路。

杨季康在《我们仨》中说:"我们为国为家,都十分焦虑。奖学金还能延期一年,我们便要回国了。当时巴黎已受战事影响,回国的船票很难买。我们辗转到里昂大学为我们买到船票,坐三等舱回国。那是一九三八年的八月间。"

回望家园路,那里虽然战火纷飞,家园已经不在,家人也到处避难。本是文弱书生的他们在国家危难时,没有在国外停留。患难的祖国啊,内忧外患中还为学子延续了一年的奖学金,每每看到这儿都忍不住流泪。

悲愤中的钱钟书在1937年写了《哀望》一诗,抒发了对抗争与希望的期待:

白骨堆山满白城,败亡鬼哭亦吞声。
孰知重死胜轻死,纵卜他生惜此生。
身即化灰尚赍恨,天为积气本无情。
艾芝玉石归同尽,哀望江南赋不成。

第一句写了侵略者的凶残,表达了作者深沉的忧伤,他的爱国之心、正义之声、抗议与大义凛然,顿觉与书痴、笨拙对不上号。正是有无数爱国的有志青年,才让祖国挣脱列强的凌辱,逐渐富强起来。

他们身在国外,心早已和祖国融为一体。故国家园才是他们魂牵梦绕的根,他乡再好,仅是他乡而已。

钱钟书与杨季康于1938年8月乘坐法国邮轮"阿多士Ⅱ"号回国。他们出国已经三年,三年前到英国时,邮轮上的伙食非常好。三年后回国时伙食却很差,不知道是战乱导致的物质贫乏,还是其他原因导致的食物匮乏。阿瑗已经断奶两个月,他们带的奶制品、辅食不多,在邮轮上几天就吃完了,阿瑗跟着大人几乎

第六章
变身"我们仨"

顿顿吃土豆泥,一吃就是二十多天。下船时,这个胖嘟嘟的孩子变成了瘦弱的孩子。在大海上航行,有钱也没地方花,买不到阿瑗需要的食物,杨季康天天后悔,恨自己没有多带点奶制品,白白让女儿跟着吃这么多天的苦头。

好在同船的还有外交官、诗人冒效鲁,同是天涯沦落人,相见自是一见如故。冒效鲁为他们仨吟诗一首:

凭栏钱子睨我笑,有句不吐意则那。
顾妻抱女渠自乐,丛丛乱发攒鸦窠。
夜深风露不相贷,绿灯曼舞扬清歌。
喧咻聚博惊座客,倾囊买醉颜微酡。

这是他们乘船的真实写照,他们迫切想要回归故土,在颠沛中劳累不堪,天天吃土豆泥,营养跟不上,身心俱疲,哪有心情收拾自己,恨不得一下踏入祖国的怀抱。杨季康抱着婴儿,钱钟书的满头乱发似乌鸦做的窝,多么形象的比喻!

"阿多士Ⅱ"号邮轮终于到了香港。钱钟书辞别妻女只身上岸,他要在香港转车到昆明的"西南联合大学"教书。为了回国后一家的生活有保障,他提前联系了国内的老师、同学,希望他们帮忙找份工作。西南联合大学文学院院长冯友兰和钱钟书情谊深厚,他回函邀请钱钟书到"西南联合大学"工作。"西南联合大学"是在抗日战争爆发后,由北京大学、清华大学、南开大学

杨 绛传 简朴的生活，高贵的灵魂

三所大学迁至昆明组成的临时大学。西南联合大学给钱钟书的薪水高，待遇也好，到了那儿钱钟书直接当教授，不用从讲师慢慢晋升，一个月薪水300元，在当时已经是相当高了。

杨季康望着那个单薄的背影远去，开始担心他如何生活，路上会不会迷路，各种纠结各种愁。阿瑗看着爸爸留下她们走了，也开始发呆，看到这一幕杨季康心里说不出的滋味。没想到回国没有见到父母，钱钟书又为了养活她们俩匆匆工作去了。有什么办法呢？身在乱世谁也不能苟且，只有心生恐慌才是那个时代独有的感觉。

钱钟书的弟弟早早等候在码头，把娘俩接到了钱家。钱家搬到了拉斐德路，娘俩到家已是黄昏时分。她们在钱家只待了一晚，第二天杨季康就带着孩子直奔父亲的家。

那时，国民党已经从上海撤军，上海成为汪洋大海中的"孤岛"，随时有被日军吞噬的危险。日军派大军在上海驻守，处处设卡，只有英国、美国、法国等国家在上海的公共租界才安全。就是这汪洋中的"孤岛"也成为人们的避难所，天南海北的人，都涌到这儿寻求庇佑，房子成为紧俏的资源。钱家住的几间小房子是花了很大价钱"顶"来的。全家人都挤在这几间小房子里，杨季康回来后跟弟媳妇和侄子挤在一间房里。

杨荫杭住的地方比较宽敞，他住在原本就在上海的三女儿家。杨季康隔了三年多终于见到日思夜想的父亲，看到父亲一眼顿感岁月的沧海。父亲精神萎靡，已经老矣。原来母亲离世后，

第六章
变身"我们仨"

父亲难以入眠,完全要靠安眠药才能入睡。

在兵荒马乱的年代还能团聚总是令人喜悦的,杨荫杭喜悦之情溢于言表,看到杨季康怀里的孩子,更是喜上加喜、爱上加爱。他多想把她们永远留在身边啊!想想自己也是寄居在三女儿家,他只得花大价钱租了个房子,只为让她们能陪自己久一些,再久一些。

杨季康明白父亲的良苦用心,可她已经嫁人了,只得两家轮着住。幸好两家离得近,就算住在钱家,杨季康还是要到父亲那里转一下。杨季康的三姐和七妹经常回来,一家人聚在一起,杨荫杭高兴得合不拢嘴,他说:"现在反倒挤在一处了!"他心里多希望儿女都住在一起啊!就像在杭州那所几十间房的大宅子里。回顾岁月,总能在过往中看到太多的无奈,不管世事如何,唯愿岁月静好!

杨荫杭因为女儿从国外回来,剃掉了长长的胡须,不再吃安眠药,颓废的神色渐渐消失,精神也逐渐好起来,没过多久就到震旦女子文理学院教"诗经"了。看来亲情能点燃生命的火焰,杨季康母女的归来,让杨荫杭的生命焕发新的希望,这是爱的力量!

第七章
崭露头角的戏剧家

纵观杨季康的转变,无不和认识的人有关:认识钱钟书得以到牛津,认识盛澄华得以到巴黎,认识陈麟瑞、李健吾开始写剧本。所以说,人生这盘棋,遭遇什么人就有可能和什么人一起改变。

与良师益友在沦陷区

1941年的夏天,钱钟书终于回到拉斐德路与家人团聚。钱钟书穿一件样式很土、很粗糙的夏布长衫,拎着一把椅子。阿瑗好奇地看着这个陌生人。钱钟书把从船上带来的椅子交给女儿,阿瑗接过椅子转手交给妈妈,专心地看着这个头发很长、面目黧黑的"陌生人"。她看钱钟书把行李放在妈妈床边,心生疑惑,开始密切关注钱钟书的一举一动。吃完晚饭,大家各自散开回到自己的房间。阿瑗不放心地对钱钟书说:"这是我的妈妈,你的妈妈在那边。"

钱钟书听到这句很搞笑的话,反问一句:"我倒问问你,是我先认识你妈妈,还是你先认识?"

阿瑗骄傲地回答:"自然我先认识,我一生出来就认识,你是长大了认识的。"

钱钟书笑了,他俯身在阿瑗耳边说了一句话。阿瑗立刻转

第七章
崭露头角的戏剧家

变了对这个陌生人的看法,两人立刻变成了哥们似的,亲热得不行,连杨季康都抵挡不住这骤升的热度,退居第二了。

钱钟书回来后阿瑗一改乖巧的样子,简直和先前判若两人,父女俩一天到晚淘气吵闹开玩笑。年龄是四岁零三个月的阿瑗终于等来了一个淘气的玩伴,让那些只会管她、疼她的人情何以堪!

钱钟书把女儿当成了朋友——小朋友,把自己放在了和女儿同龄的阶段,这样他们才能如此快乐地度过每一天、每一分、每一秒。

这次,钱钟书是回来过暑假的。吴宓告诉他清华决议聘他回校。钱钟书考虑很久后,辞去了蓝田的职务,准备回西南联大继续当教授。此刻的他像"痴汉等婆娘",一等再等,始终等不到清华的音讯。到了年底,上海全部沦陷,日军偷袭珍珠港,太平洋战争爆发了。钱钟书只好与家人厮守在一起,在上海过沦陷区的生活,他想出去已经不可能了。

杨荫杭看到钱钟书失业在家,一家的生计没有着落,便把震旦女子文理学院的工作让给女婿,让钱钟书有份养家糊口的活儿。

震旦女子文理学院也是教会学校。1942年春,该校正式聘请钱钟书为教授,钱钟书在这里一直工作到抗战胜利。

当时杨季康的七妹杨必也在这所学校读书,钱钟书也教过她。

杨绛传 简朴的生活，高贵的灵魂

人生有无数个转折点，有无数的人擦肩而过，有少部分的人会成为朋友、知己、师生、至交、贵人。这其中他们结识的朋友陈麟瑞，是钱钟书介绍到震旦女子文理学院教书的同事，两个人关系比较好，他是柳亚子女儿柳无非的丈夫。

陈麟瑞夫妇与钱钟书夫妇是挚友，杨季康说："抗战期间，两家都在上海，住在同一条街上，相去不过五分钟的路程，彼此往来很密。我学写剧本就是受了陈麟瑞同志的鼓励，并由他启蒙的。他对自己写剧作的要求，显然比对学生的要求更高。"

在杨季康心目中，陈麟瑞不管是创作还是教学都持认真、严谨的态度，是忠厚的长者、一位真正的谦和君子。

陈麟瑞毕业于美国哈佛大学，专攻戏剧。在抗战期间坚持创作，写了多部话剧，其中《晚宴》《燕来红》《职业妇女》《尤三姐》《海葬》受到好评。杨季康经常向他请教戏剧结构的技巧，他都无私地一一解答，对杨季康的帮助很多。他和杨季康夫妇一样喜欢研究可笑的事物。杨季康曾向他借过关于《笑的心理学》之类的书籍，他还收藏了半架子英文法文的类似书籍。

陈麟瑞为人随和，对待朋友宽容，有一次他指着钱钟书笑着对杨季康说："他就是踢我，我也不会生他的气。"

能有这样一位良师益友，真乃三生有幸！

在沦陷的上海，他们还结识了李健吾，李健吾是山西运城人，是钱钟书夫妇在清华的校友。他在1925年考入清华国文系，第二年朱自清建议他转外文系学习法语。1930年李健吾毕业，留

第七章
崭露头角的戏剧家

校任教一年后到法国巴黎语言专修学校学习。李健吾于1933年回国,受聘任上海暨南大学文学院教授。他与黄佐临等人创办了上海实验戏剧学校并担任教授一职。他改编外国的戏剧,创作了《这不过是春天》《青春》《黄花》等戏剧。李健吾是剧作家,还是出色的导演。后来他执导过杨季康的喜剧。

陈麟瑞和李健吾审阅了钱钟书的散文集《写在人生的边上》,此书得以出版,多亏他们的帮助与指点。钱钟书夫妇请他们吃饭以示谢意。他们吃饭时谈起了戏剧,就是这次吃饭改变了杨季康。陈麟瑞、李健吾不遗余力地鼓动杨季康写剧本。杨季康接受了他们的建议,开始步入剧坛。

杨季康说:"上海全部沦陷后,我担任校长的振华分校被迫解散。就当起家庭教师,又在小学代课,业余创作话剧。"

纵观杨季康的转变,无不和认识的人有关:认识钱钟书得以到牛津,认识盛澄华得以到巴黎,认识陈麟瑞、李健吾开始写剧本。所以说人生这盘棋,遭遇什么人就有可能和什么人一起改变。

他们是不幸的,他们是幸运的,在不幸的时代遇到了志同道合的朋友!

杨绛传 简朴的生活，高贵的灵魂

为三斗米折腰

杨季康代课的是半日制小学，她去代课的时候，日军还没有管辖这座学校。学校每天下午上课，课程很多，杨季康为了生活没有选择的余地。学校每个月给老师发三斗米代替工资，学校发的米要比当局配给的米好很多，当局分配的米里面混合了些细沙不好收拾。杨季康为了糊口"乐此不疲"，宁愿为三斗米折腰。在《我们仨》中，杨季康记述："……校址离家很远，我饭后赶去上课，困得在公交车上直打盹儿。我业余编写剧本。《称心如意》上演时，我还在做小学教师呢。"

杨季康上课之余没有放弃自我提升，她还在努力，为嘴巴忙碌的同时也在填补心灵的空虚。不管生活陷入了什么样的境遇，她永远把精神需求放在第一位。钱钟书一家三口挤居在拉斐德路整整八年。杨季康每天坐车到法租界的边缘，再步行穿过不属于租界的一段长路，再坐公共租界的有轨电车才能到学校。那时黄

第七章
崭露头角的戏剧家

浦江上有日军把守,有轨电车不能坐人通过,乘客得从电车上下来走过黄浦江大桥,每次都得向把守的日本兵鞠躬。杨季康不愿意行礼,每次都低头走过去。后来电车停在桥下,全体乘客等日本兵上车时起立,等日本兵检查一遍再开过去。

有一次日本兵发现杨季康起立时比别人晚,一个日本兵不怀好意地走到她面前,用食指猛然一抬她的下巴。杨季康怒火中烧,愤恨地大声呵斥道:"岂有此理?!"

杨季康的这一声怒喝在安静的电车里格外响亮,乘客们吓得大气都不敢出,眼睁睁看着杨季康与日本兵对视。杨季康没有示弱的意思,国难家仇一起涌上心头……两人僵持了一会儿,日本兵蹬着笨重的军靴,下车了。

司机看日本兵下车赶紧开动了电车,乘客们才缓过神来,忍不住议论纷纷,有位乘客喘了口气,操着上海话说:"啊唷!啊唷!侬吓杀吾来!侬哪能格?侬发痴啦?"

电车走了好远,杨季康才庆幸自己躲过灾难,没有闯下大祸。第二天开始,杨季康选择步行,再也没有坐这一趟电车。后来日寇接管了那所半日制的小学,杨季康孩子王的生涯结束了。她宁愿挨饿也不愿意为日寇做事,这是民族的大义。

震旦女子文理学院的负责人"方发妈妈"和钱钟书见面以后,为他增加了几个钟点授学,这样得到的薪水多一点。钱钟书收了一名拜门的学生,可收的酬金还是赶不上物价的上涨。不管沦陷区生活多么艰苦,两个人赚钱总能自给自足,他们想的是:

杨 绛传 简朴的生活，高贵的灵魂

只要能自给自足，就是胜利。大才子钱钟书被命运屡屡捉弄后方醒悟。他觉得只要一家人同甘共苦，总胜于别离，他发愿说："从今以后，咱们只有死别，不再生离。"

这句话成为箴言，他们真的没有生离，剩下的只有死别，以及为死别而做的告别仪式。

杨季康在回忆录里记叙：

我们生活在沦陷的上海，最艰苦的日子在珍珠港事变之后，抗日胜利之前。钟书除了在大学教课，又增添了两名拜门学生，但我们的生活还是愈来愈艰苦。只说柴和米，就大非易事。

日本人分配给市民吃的面粉是黑的，筛去杂质，还是麸皮居半；分配的米，只是粞，中间还杂有白的、黄的、黑的沙子。黑沙子还容易挑出来，黄白沙子杂在粞里，只好用镊子挑拣。听到沿街有卖米的，不论多贵，也得赶紧买。当时上海流行的歌："粪车是我们的报晓鸡，多少的声音都从它起，前门叫卖菜，后门叫卖米。"随即接上一句叫卖声："大米要吗？"大米不嫌多，因为吃粞不能过活。但大米不能生吃，而煤厂总推说没货。好容易有煤球了，要求送三百斤，只肯送二百斤。我们的竹篦子煤筐里也只能盛二百斤。有时煤球里掺和的泥太多，烧不着；有时煤球里掺和的煤灰多，太松，一着就过。如有卖木柴的、卖钢炭的，都不能错过。有一次煤厂送了三百斤煤末子，我视为至宝：煤末子是纯煤，比煤球占地少，掺上煤灰，可以自制相当于四五百斤

第七章
崭露头角的戏剧家

的煤饼子。煤炉得搪得腰身细细的,省煤。烧木柴得自制"行灶",还得把粗大的木柴劈细,敲断。烧炭另有炭炉。煤油和煤油炉也是必备的东西。各种燃料对付着使用。我在小学代课,我写剧本,都是为了柴和米。钱钟书的二弟、三弟已先后离开上海,钟书留在上海没个可以维持生活的职业,还得依仗几个拜门学生的束脩,他显然最没出息。

有一个夏天,有人送来一担西瓜。我们认为绝不是送我们的,让堂弟们都搬上三楼。一会儿钟书的学生打来电话,问西瓜送到没有。堂弟们忙又把西瓜搬下来。阿瑗大为惊奇。这么大的瓜!又这么多!她看爸爸把西瓜分送了楼上,自己还留下许多,佩服得不得了。晚上她一本正经对爸爸说:"爸爸,这许多西瓜,都是你的!我呢,是你的女儿。"显然她是觉得"与有荣焉"!她的自豪逗得我们大笑。可怜的钟书,居然还有女儿为他自豪……

在战乱年代,没有比活着更好的事情了,至于生活上的困顿,影响不到他们乐观的情绪。杨季康为了生活,为了煤和米,硬生生把自己逼成了女汉子,她柔嫩的肩膀越来越坚强!也必须要坚强!

第一部喜剧
《称心如意》

在被日寇控制的上海，人们寻求的精神慰藉的方式是看戏剧（特别是话剧）。上海的地下党抓住了这个机会，组织开展了业余的戏剧运动，同时把文化界的抗日救亡运动重心放在戏剧工作上。光1942年就组织了20个专业剧团，演出剧目89个。到了1943年剧团多达几十家，剧场20多家，演员200多人。正是由于生活在战区的人们备受压抑，才开始追捧戏剧。

李健吾、陈麟瑞、黄佐临、柯灵抓住机会组建了"上海职业剧团""苦干剧团"等。剧团组建好了，可想找到适合的剧本很难，当时我国写剧本还是个盲区，使用的剧本几乎都是翻译过来的。杨季康正是在这种背景下与剧本结缘，从这儿开始了剧本创作。

1942年冬，陈麟瑞改编的《晚宴》上演了，为庆祝剧作的

第七章
崭露头角的戏剧家

成功上演,他邀请李健吾、钱钟书夫妇吃烤羊肉。几个人用两尺多长的筷子围坐在一盆柴火旁,一边吃肉,一边开怀畅饮。不知是谁引起的话题,陈麟瑞说:"我们这种吃法具有民族特色,蒙古人就是这样吃的。"杨季康闻言,接上话题说:"我看过《云彩霞》里的蒙古王子和《晚宴》里的蒙古王爷的故事……"

她绘声绘色地讲述了这两个故事,几人听得很认真。陈麟瑞听完后对杨季康说:"何不也来一个剧本?"

杨季康听后回答:"我很少看戏剧,一点经验也没有,不行,不行。"几人鼓励她试一试,盛情难却之下,杨季康答应试试。回去后,她写了一个没有名字的剧本,完成后交给陈麟瑞指导。

陈麟瑞看完提出了修改意见:"你这个剧本,做独幕剧太长,做多幕剧呢又太短,内容不足得改写。"

杨季康知道陈麟瑞在戏剧上的专业性,按照他的建议对剧本进行了修改。完稿后,杨季康在亭子里散步,想到"称心如意"四个字,于是剧本叫了这个名字。陈麟瑞看完,将剧本交给李健吾审阅,让杨季康回去等消息。

杨季康满怀忐忑,不知剧本写得如何?过了几天,李健吾打来电话,说立刻排演《称心如意》,由黄佐临导演,李健吾扮演徐朗斋。经过紧张的排练,杨季康的第一部话剧《称心如意》终于在1943年春天正式公演。在公演前李健吾建议杨季康起一个笔名,好印在宣传海报上。杨季康想到"季康"两个字总有人读成

杨绛传 简朴的生活，高贵的灵魂

"绛"，不如叫"杨绛"，从此，她的真名被人们忽视了，"杨绛"这个笔名一直伴随着她，只有自己家人还叫她杨季康。

剧团把作者名"杨绛"做得十分醒目，宣传功夫也做到了家，连季玉先生都看见了，他向杨季康要了两张票，带着侄女观看了演出。事后他问杨季康："这部话剧是你公公帮忙创作的吗？"还有人以为《称心如意》是钱钟书的作品，特意跑来祝贺。

当时创作剧本时，杨季康没有稳定的收入，她觉得写剧本也许有不菲的酬劳，这样能改善窘困的处境。结果得到的酬劳只够下顿馆子，吃顿熏鸡熏肉的。

陈麟瑞、李健吾把黄佐临夫妇、柯灵夫妇介绍给杨季康，柯灵是这样评价杨季康的话剧的："但一枝独秀，引起广泛注意的是杨季康。她的《称心如意》和《弄真成假》是喜剧的双璧，中国话剧库中有数的好作品。"

杨季康写剧本，和她在战乱期间生活在小市民中的深刻体验分不开。当时的上海滩，正是新旧参半、土洋结合、鱼龙混杂的时期，正是这种生活形态激发了杨季康的创作灵感。

《称心如意》的故事情节大致是这样的：

主人公李君玉的母亲在婚姻上不愿意听从命运的摆布，也不听从外祖父的安排，自作主张嫁给了穷画家。众叛亲离后只有到北平寻求生路，结果生下李君玉便与丈夫双双离世。李君玉的三位舅母看她可怜便把她接回了上海，明着说是援助孤儿，实际上把她当作

第七章
崭露头角的戏剧家

不要钱的保姆来使用。长大后的李君玉性格越来越强,她们怕给自己招来麻烦,都不愿意收留在自己家,开始互相推让。

李君玉的大舅赵祖荫是银行经理,他根本看不起李君玉的穷画家父亲,对李君玉不感兴趣。大舅母对丈夫雇来的女秘书不放心,让李君玉顶替去做秘书,逼迫赵祖荫让步,借李君玉来拆散他们的关系。大舅被逼无奈又不甘心就这样失去女秘书,对外甥女自然是想着法子挑剔。大舅母利用了大舅不喜欢李君玉,不让她住在家里,让李君玉晚上住在二舅家。不料二舅家的表哥赵景荪爱上了李君玉。二舅母害怕了,怕她迷住自己的儿子,又让李君玉住到四舅家。四舅赵祖懋没有子女,对待外甥女还算和善。四舅妈属于那种"热心"慈善事业、只想挥霍金钱的人,她不愿意李君玉在家里闲吃饭,说要领养一个孩子。赵祖懋害怕领孩子回来制造矛盾,便与李君玉设计,给四舅妈写了一封假信,举报赵祖懋不但有相好的女人,连小孩都有了,想用这个计划让四舅妈放弃领养孩子。结果呢,四舅妈一天到晚跟着赵祖懋。李君玉在赵祖懋的家失去了容身之地,只得住到舅公徐朗斋家。徐朗斋有钱有宅,无儿无女无老婆,是个巨富。大家都想侵占他的财产,争着把子女过继给他。徐朗斋脾气古怪,任谁说都不听。

三位舅母不喜欢、讨厌李君玉,她们设计把李君玉送到徐朗斋家,以为她住不了几天便会到处流浪。哪承想李君玉到徐朗斋家后,和徐朗斋相处得很好,被收为孙女,成为财产的继承人。陈彬如是李君玉的男朋友,也是徐朗斋朋友的孙子,人品不错,徐朗斋同意他们的婚事。这样，李君玉的舅舅、舅妈、赵景荪的希望破灭了。被人撵来赶去的李君玉做梦也没想到幸运儿竟会是自己，结局真是"称心如意"。

杨季康运用一系列的故事，揭示了生活中不可避免的矛盾和冲突。她在市民社会中待了八年，十分熟稔灰色平庸的普通人生活。通过这部话剧，深入地再现了上海市民生活的尴尬，剧中人物的形象，折射出五光十色的社会万象。

杨季康出手不凡、功底深厚，第一部剧作便一鸣惊人，《称心如意》得到一致好评，迎来如潮的喝彩声。

杨季康写的是含泪的喜剧，正如日本作家鹤见佑辅所言："泪和笑只隔了一张纸。"用泪水稀释过的笑，才笑得含蓄蕴藉、笑得痛快淋漓，这种笑给人们无限的希望，笑中带泪最值得回味珍惜！

赵景深是复旦大学的教授，他在《文坛忆旧》中写道："杨绛女士原名杨季康，她第一个剧本《称心如意》在金都大戏院上演，李健吾也上台演老翁，林彬演小孤女。我曾去看过，觉得此剧刻画世故人情入微，非女性写不出，而又写得那样细腻周至，不禁大为称赞。"

人，都是讲缘分的，20世纪80年代，著名导演黄佐临的女儿黄蜀芹把钱钟书的《围城》改编成电视剧，搬上荧幕，经久不衰。

第七章
崭露头角的戏剧家

《弄真成假》与《风絮》

《称心如意》的成功让杨季康有了自信,紧接着她又创作了喜剧《弄真成假》。杨季康以高超的艺术创造力和敏锐的观察力,将20世纪40年代社会变革的风俗再现在世人面前。

在这一部剧作中,杨季康开始注重人物的言谈举止、心理描写、表情肖像等,通过这些来表现喜剧性。

喜剧中的张祥甫太太的侄儿冯光祖是个典型的例子:

冯光祖是教授,学究气浓厚,连他抱怨女佣把衬衫扣子弄掉了都别出心裁、与众不同,他对女佣说:"唉,杨妈,我跟你说过,你得先研究这扣子为什么爱掉,知道了原因后才能防止结果,千针万针没有用。纽扣怎么会丢掉?有三个原因!第一是烙铁烫坏了线;第二是你的线拉得太紧,应该纽扣底下长一个脖子;第三……"

女佣说:"我从来没见过纽扣底下长脖子。"

这里详细罗列了扣子掉的三个理由,对于教授来说应该有习而不察或者不予深究的想法。杨季康通过人物的对话揭示了他们身上可悲又可笑的喜剧因子。

周大璋和寡母太穷了,虽说长得一表人才却无法生活,只得寄居在妹妹婆家开的杂货铺上面的小阁楼里。周大璋本来在保险公司上班,他无心工作,整天吊儿郎当,为了赢得张燕华的欢心骗了她。在话剧的最后,通过周大璋、张燕华的对话达到了喜剧的效果:

张燕华　大璋,这是怎么回事儿?
周大璋　我也不知道。
张燕华　这可不是做梦吗?
周大璋　简直像演戏呢!
张燕华　这——这就是你的家?
周大璋　咱们的家了!
张燕华　(回顾)好个"诗礼之家"!(指外)那一位就是你的知书达礼、有才有德的妈妈?楼下就是你舅家的什么华洋百货公司,那位喜妈妈就是你妹妹?(苦笑)咳,大璋,真是环境由你改造啊!我佩服你改造环境的艺术!
周大璋　哎,燕华由你做主呀!我也佩服你掌握命运的

第七章
崭露头角的戏剧家

手段!

通过二人幽默式的对话，充分揭露了当时四处弥漫的拜金主义思想，讽刺了主人公可悲的结局。这部喜剧同样适用于现在这个社会，在哪个时代都不缺少拜金的人。

《弄真成假》公演后收到很好的反响，各大报纸竞相刊登报道评论它的文章，也是中国话剧界的经典。当时演员们引以为傲的事就是能够出演杨季康的戏。为此，演员们写了封联名信，表达了对杨绛的感谢。在这里杨季康这个名字得退出历史舞台了，由杨绛来完成后面的演绎。杨季康的命运随话剧而改变，有些人的存在，不单单是为了家，还要为祖国做出贡献，这个贡献也许是航天技术的进步，也许是平凡岗位的普通工作，也许是文化的创造和发展。正是有了杨绛的作品，中国话剧舞台从此告别改编国外戏剧的历史，有了自己的剧本、自己的天下! 这才是杨绛跨时代的意义! 她的名字代表了中国话剧剧本的崛起，我们应当铭记在心! 因为中国人终于有了自己的话剧作品!

李健吾指出："假如中国有喜剧，真的风俗喜剧，从现代生活提炼的地道喜剧，我不想夸张地说，但我坚持地说，在现代中国的文学里面，《弄真成假》将是第二道纪程碑。有人一定嫌我过甚其词，我们不妨过些年头来看，是否我的偏见具有正确的预感。第一道纪程碑属诸丁西林，人所共知；第二道我将欢欢喜喜地指出，乃是《弄真成假》的作者杨绛女士。"

杨荫杭听说女儿写的剧本公演大受欢迎，立刻带着儿女前去观看。到了现场才知道，《弄真成假》反响这么热烈，看到引发全场爆笑的几个情节杨荫杭也忍不住哈哈大笑。他忍不住问女儿："全是你编的？"

杨绛肯定地回答："全是。"杨荫杭说不出地自豪，女儿没有辜负他的栽培。

2007年《弄真成假》再次搬上话剧舞台，96岁的杨绛专门写了一篇名为《"杨绛"和"杨季康"——祝贺上海纪念话剧百年》的文章，文章中写道："想不到戏剧界还没忘掉当年上海的杨绛。……我惊且喜，感激又惭愧，觉得无限荣幸，一瓣心香祝演出成功。"

通过这些可以看出这部作品在戏剧界的位置，它的影响力何其深远。

《弄真成假》完成后，杨绛又创作了《游戏人间》。她可能不看好这部作品，没有收入到《杨绛作品集》附录的《杨绛著作书目》里。赵景琛在《文坛忆旧》中记载了这部剧本；司马长风在《中国新文学史》中也做了记载；当时上海出版的《杂志》《小天地》上刊发了此剧的评论文章。

杨绛写的唯一悲剧作品《风絮》，发表在郑振铎与李健吾合编的大型文学月刊《文艺复兴》上，连载于该杂志的第三、四期合刊和第五期上。

《风絮》名字出自钱钟书的"风絮"，原指飘在风中的

第七章 崭露头角的戏剧家

杨花。

《风絮》虽然是悲剧,讲的却是爱情故事。青年知识分子方景山带着妻子沈惠连到乡下开创新天地。热衷社会改革的他一心扑在事业上,结果冷落了妻子,得罪了地方势力,还被人家诬陷入狱。他的朋友唐叔远和妻子把他营救出来,戏便从方景山出狱演起。

唐叔远哀叹:"唉,咱们是戴着眼罩拉车的马,蒙着眼赶路。谁知道老天的安排。"

沈惠连接着叹道:"一生太短了,不能起个稿子,再修改一遍。"

剧名《风絮》点明了人生不能自主的含义,试图通过爱情对人生进行探索。结果虽然没有答案,也让人感觉如风中飘浮的杨絮一般,令人回味无穷。

如果说《弄假成真》《称心如意》是对虚伪自私的人进行嘲讽、鞭挞,显示了道德谴责的力量,那么《风絮》则由社会批判转向了对人生的探索,引起人们对生活的品味与思辨,更耐人思索。

《风絮》剧情虽悲,也透着对生活的无限憧憬,隐含的寓意是昂扬向上的,在虚构的情节中折射出现实人生。虚虚实实的转换引发人们的思索,把有价值的东西毁灭得毫不留情,给予观众的心灵震撼不逊于前两部喜剧。

试分析杨绛戏剧创作成功的武器:深厚的文字功底是基础,

除此之外，她还拥有一双洞悉万事万物的眼睛，一颗通透清澈的心灵。正是有了这些武器，才使得作品从不缺乏温情，也不忘抨击和批判。

第八章
我的骑士『堂吉诃德』啊

她利用一切机会寻找『堂吉诃德』的下落。这种焦灼的思念谁懂？你吗？我吗？不，只有她和『他』懂！她想早日解救『他』，『他』想早日面世，让中国人见识『他』的侠士风范。

清华里的"散工"
是女先生

黎明的曙光终于开始照耀中华大地，人们饱经了战乱之苦，终于可以直起腰高声呐喊了，1949年10月1日中华人民共和国成立，为了这一天，人们翘首期盼了多少日子啊！在举国欢庆的日子里，清华大学向杨绛和钱钟书发出了回校任教聘书。杨绛辞去上海震旦女子文理学院外文系教授的职务，跟随钱钟书，带着女儿，从上海坐上了开往北京的火车。

杨绛出生在北京，在北京上了三年学，和钱钟书游览了这里的名胜古迹。她是多么钟情于这片热土啊，她深深地知道，这次是永远的回归，也是叶落归根的宿命，她再也没有离开这片土地，从决定的那一刻起也许就没想过离开。

钱钟书教外文系研究生，杨绛教英国文学。当时清华规定：夫妻不能在同校一起当专职教授。杨绛只好兼任教授，按课时计

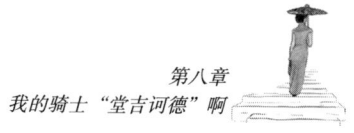

第八章
我的骑士"堂吉诃德"啊

算工资。杨绛为自己的工作起了个幽默的名字——散工。杨绛认为兼职教师工资低点儿，但时间上很自由，那些名目繁多的会议可以不用参加了，这样能腾出时间做喜欢的事情。在清华任教一年后，杨绛的低烧奇迹般好了。杨绛恢复健康的身体像搁浅已久的船，而她这个优秀的舵手将它驶进了属于自己的水域。那些浪漫的西方古典文学，狄更斯、莎士比亚悄悄占据了她的心扉。杨绛还是最喜欢翻译的工作，她利用课余时间翻译了《小癞子》。这是西方首部流浪汉小说，也是杨绛翻译流浪汉小说的开端。《小癞子》的笔法很幽默，社会各阶层人物形象刻画生动，用幽默的语言揭露了当时西班牙社会的腐朽，借助小人物的故事讽刺了僧侣的伪善和欺骗普通人的丑恶嘴脸，挖苦了贵族的空虚和傲慢。

杨绛正是在这个时候进入了人生的鼎盛时期，从她那时期的工作照可以看出，已经不惑之年的她依然风度优雅、姿容秀丽，有着成熟女性独有的自信。不上课的杨绛喜欢穿上海旗袍，撑阳伞，在清华校园中散步。清华大学里的学生喜欢追赶潮流，大家都穿清一色的列宁装。只有杨绛固执地认为，在中国服装里旗袍是永不落伍的时尚。只有那些有所坚持的人，对于美的认知，从不以潮流为转移。从上海走出来的杨绛，经历了战乱，还没有经历过革命风暴的洗礼，还不懂得为自己披上一件"隐身衣"。他们认为回到热爱的校园便可以安心地教书育人做学问了，可是，短暂的好时光转眼即逝，安居乐业的平静慢慢变了。校园里的大会小会不断，人心开始变得浮躁，学术风气也逐渐低落。

学识渊博的杨绛明白：历代的哲学家一直在研究，人怎样处理与世界的关系。这个命题没有标准答案，也是人类终身面对的问题。杨绛在海轮上便知道，在漫无边际的海上航行中，不晕船的办法只有一个：不能以自己为中心，而要以船为中心，顺着船在波涛汹涌间的摆动起伏，让自己的身躯与船稳定成90度直角，就能永远在水面之上，平平正正。杨绛还知道，世界上的道理总是相通的，在波浪中牢牢把握"地平线"的办法，也适用于别的地方，这一点让她受益一生。她开始迎合环境，积极"适应"不"与世沉浮"。人的一生，现实与期望常常会发生冲突，获得的，往往不是我们期望的，我们所期望的，不一定能实现。杨绛的旗袍不见了，变成了略显臃肿的深色棉服。

杨绛写了很多关于人生的修养与淬炼的文字，她一生的修炼，从中年时才真正开始。

在社会的发展历程中，一般是有地位、有学识的人，才有资格被称为先生。杨绛被人尊称为先生，可见人们对她的尊敬。

柳鸣九是著名的翻译家，曾是杨绛在社科院的同事，他写了一篇回忆杨绛的文章，用深情敬仰的笔触回忆了他们相处的一些往事：

初见时，季康先生年过半百，精瘦娇小，举止文静轻柔，但整个人极有精神，特别是两道遒劲高挑而又急骤下折的弯眉，显

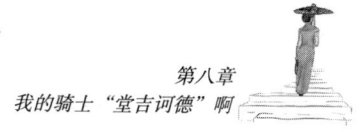

第八章
我的骑士"堂吉诃德"啊

示出一种坚毅刚强的性格。和其夫君钟书先生的不拘小节、有时穿着背心短裤就见客不同,她的衣着从来都整齐利索,即使在家不意碰见来访者敲门的时候。她冬天常常身披一件裘皮大衣,很是高雅气派,她化妆,但是化似有似无的淡妆,几乎不见痕迹。在公共场合,她一般都是低姿态的,连开会也很少发言。在我见到的大家名流中,钱、杨二位先生要算是最为平实、最为谦逊的两位。

就是这样一个有时会穿得雍容华贵的女学者,神态却平和得像邻里阿姨,而不像某些女才子们那样,相识见面言必谈学术文化,似乎不那样就显不出自己的身份与高雅。她对晚辈后生则有愈来愈多的亲切关怀,的的确确像一个慈祥的阿姨。那个时期,我与妻子朱虹两人的工资加起来只有一百三四十元,承担着抚养两个孩子与赡养双方父母的责任,由于业务断了路,没有半点稿费收入,生活的确相当清苦。先生雪中送炭,我们只好恭敬不如从命。没有想到,到了第二个月,又有一个小纸包。然后,第三个月,第四个月……后来我还获知,研究所里每月不落地从先生那里得到接济的竟有十多个人,基本上都是处境倒霉、生活拮据的青年人"小人物"。也就是说,两位先生每月的工资,大部分都用于接济施舍了,且持续了好几年。

如果不是柳鸣九披露,这段往事会一直淹没在尘世中,在杨绛的文字里,写了很多女儿的成长趣事,记录了钱钟书的一封封信件、一件衬衫，家中的保姆，对这样的事却只字不提。

印度诗人泰戈尔说，我们看错了世界，却说世界欺骗了我们。要知道这个世界从不会因为谁缺席而发生丁点儿改变，只有清醒面对才是人生的真谛。人生注定是一场悲喜交加的演出，不管是沧桑也好，轻盈也罢，只能独自承受和担当。在漫长的生命之旅中，陪我们笑的人很多，陪我们哭的人很少。很多人看到了成功者的辉煌，却看不到他背后付出的汗水和泪水。

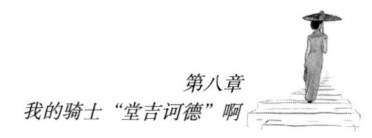

第八章　我的骑士"堂吉诃德"啊

"堂吉诃德"做了"俘虏"

钱钟书担任《毛泽东选集》英译委员会主任委员后，尽心尽力，耗费了大量的心血。杨绛独自承担起生活的担子，用实际行动支持丈夫的工作。陪伴杨绛的只有叫"花花儿"的猫。花花儿聪明灵敏，比一般的猫通人性。那时候，杨绛已经不能躲避开会了，她白天忙工作，晚上还要开会到三更半夜，花花儿总是等在半路迎接她。为此杨绛写道：花花儿善解人意，我为它的聪明惊喜。这猫儿简直有几分人气。猫的人气，当然微弱得似有若无，好比"人为万物之灵"，人的那点灵光，也微弱得只够我们惶惑地照见自己多么愚昧。人的智慧自有打不破的局限，好比猫儿的聪明有它打不破的局限。

钱钟书为了这只猫还参与了人猫大战，配了长竹竿，专打他邻居家的猫。他邻居是赫赫有名的建筑大师林徽因。

杨绛几度搬家，这只被他们宠爱的猫在不断适应新环境的过程中离奇失踪了，杨绛从此不再养猫。杨绛通过猫推及了人性的弱点，懂得人有打不破的局限。她对自己更是要求严格，一边工作，一边翻译。

杨绛在20世纪50年代末和60年代初，写了许多论文，在翻译中更是投入了大部分的精力，像《小癞子》《吉尔·布拉斯》《堂吉诃德》都是她在这一时期翻译出来的。翻译作品除了需要有高度的视野和广阔的见识外，还需要高超的语言修养和翻译技巧。杨绛翻译书籍，不在意学术氛围，不在意别人的看法，她甘于坐冷板凳，只是在自己的学术建筑中争分夺秒地添砖加瓦。杨绛说："人的尊卑，不靠地位，不由出身，只看自己的成就。假如是一个萝卜，力求做个水多肉脆的好萝卜；假如是棵白菜，力求做一棵瓷实的包心好白菜。一个人不想高攀就不怕下跌，也不用倾轧排挤，可以保其天真，成其自然，潜心完成自己能做的事。"

距离戏剧作品的创作高潮又过了十几年的时光，杨绛才迎来她翻译的全盛时代。当初写剧本只是为了在战乱期间能养家糊口，她真正的兴趣所在是翻译那些富有浪漫主义色彩的西方文学啊！学识渊博的杨绛在不同的语言文字中徜徉，一次次释放了学者情怀。这才是"衣带渐宽终不悔"的追求，是"一片冰心在玉壶"的真实。

人们对于杨绛"无心插柳"的作品翻译，普遍认为：杨绛对

第八章
我的骑士"堂吉诃德"啊

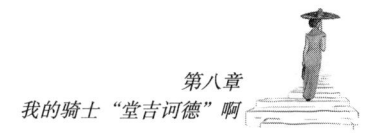

国外文学翻译事业贡献巨大,影响深远,她在翻译实践中体现出的平和严谨的态度值得后辈学习。美学家兼翻译泰斗朱光潜也曾评价:中国的散文、小说翻译杨绛最好。

杨绛谦逊地坦言:我在翻译的学习中只积累了一些失败的经验。正是有虚若怀谷的情怀才有了翻译界争论不休的《堂吉诃德》,这本书可以说是杨绛在这个时期翻译的耗时间最长、用情最深的一本书。

1958年,杨绛的工作单位——社科院文学研究所外文组的十几个人开始下乡,杨绛也在其中。在乡下人们喜欢和她说话,喜欢这个从城里来的知识女性。接受完再教育,杨绛返回单位继续工作。

1961年杨绛开始翻译《堂吉诃德》,翻译了五年,还没完成便遇上了"文革",开始抄家了。杨绛知道要开始面对严酷的事实,她开始清理信件、书稿,把含有敏感词的偷偷焚烧掉,但不管怎么烧,她也舍不得将自己翻译了五年的外国文学名著《堂吉诃德》译稿毁掉,那是她在无休止的学习中为寻求内心安慰,辛勤耕耘的成果。杨绛把译稿用牛皮纸紧紧包好,又用麻绳捆上藏起来。

1966年8月的一天,吃过晚饭,大家淋着雨赶到大席棚开会。有人来到杨绛的办公室命令道:

"把你们的黑稿子都交出来!"

杨绛当然不知道什么是"黑稿子",她的"同伙"说,可能是你翻译的《堂吉诃德》"诲淫诲盗"是"黑"的了。

杨绛说:"《堂吉诃德》怎么是'黑'的呢?桑丘是农民,还是个傻乎乎的农民,堂吉诃德是不种地到处行侠仗义的地主。书上也没有美化地主,更没有歪曲农民。那里面的巨人怪兽,算是迷信吗?"

杨绛看见来人咄咄逼人的气势,感到不寒而栗,为了保护辛苦熬夜翻译的稿件免受祸害,她提高了警惕。她请大家来判定黑白,毕竟群众的眼睛是雪亮的,不会把这部稿子也说成"黑稿子"。

《堂吉诃德》的原著分两部,一部四册,加起来八册,杨绛才翻译到第六册的一半。当她把译稿誊清后,便把草稿烧了,她准备以后在厚厚的稿纸上面修改。杨绛用牛皮纸把这一大沓很重的稿子重新包好,找来红笔写上大大的"《堂吉诃德》译稿"。

她没有把这些译稿交给来人,而是抱着译稿挤上车,再挤下车,踩着泥泞的路送到他们指派的办公室,交给了组秘书。

杨绛看准组秘书为人憨厚。她特别说明译稿没留底稿,只有这一份,不知这部稿子是不是"黑"的。

组秘书显然不赞成没收,他同情地说:"就是嘛!"

可是,组秘书显然不当家,另一个声音说:"交给小C。"

小C原先是通信员,现在是新的负责人。

小C接过杨绛缴的译稿要走,组秘书郑重叮嘱说:"这可是人家的稿子啊,只有这一份,得好好儿保管。"

第八章
我的骑士"堂吉诃德"啊

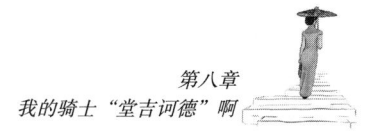

小C没有说话,抱着稿子走了。杨绛心凉了,眼睁睁看着小C扬长而去,她的"堂吉诃德"做了"俘虏"。她为五年来的心血之作离开自己痛惜不已。

悲伤欲绝的杨绛直到晚上才回到家。

进到院子后杨绛傻眼了,大院里挤满了人,连大楼前的台阶上也站满了人,这是什么情况?正在杨绛感到茫然时,一位邻居偷偷提醒她:事情不妙。杨绛也发现情况不妙,可是自己无路可逃啊!她的钱钟书站在台阶上呢!这时,一个眼不花耳不聋、声音洪亮的老太太,早就在满院子人群中发现了气质高雅的杨绛,她大喝一声,杨绛接收到这声狮子吼,穿过人群走上台阶,和钱钟书站在了一起。

那个以前用杨柳条抽打杨绛的姑娘变成了理发师,拽过陪杨绛站队的老太太,不由分说用推子剃去了她半边的头发,留下半边头发在风中摇曳。另一位看这情况求那姑娘开恩,别剃头发。

姑娘哪肯听软话,毫不客气地施展了修理半边地球的手法。杨绛像当年不愿给日本人鞠躬那样,她不争辩、不求饶、不反抗,在众目睽睽之下,她的头发被姑娘毫无悬念地剃光了。

没过多久,又一批群众到杨绛家里,问她要没发表的创作稿。杨绛干脆地说:"没有。"上一次没收的稿件让她心痛不已,一直难以抚平那种痛楚。剃光头她都没这么难受。这次,她下定决心再不交出任何稿件了。

那人说,没有稿件就把笔记本交出来。杨绛配合地打开抽屉，拿出两本旧笔记交给那人。

那人一看不愿意了，他说："我记得你不止两本。"

杨绛说："没有了！"

事后杨绛回想，也许这位年轻人有袒护之意，他生性善良、温和。所以，不搜查也不追问，拿着两本旧笔记本交差去了。他们走后，杨绛拿出一大沓整齐的笔记本重新藏好。交出去的那两本是不打算保留的，因为记得太凌乱，所以放在抽屉里等人来查收。

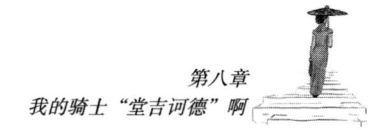

第八章
我的骑士"堂吉诃德"啊

寻找《堂吉诃德》

社科院的同事刘士杰在钱钟书去世后，专门写了悼念钱钟书的文章，记叙了他们被"抄家"的经过：

现在回想起来，我所做的唯一对不起钱先生的事，就是参与了对他的抄家。不过，必须说明的是，那次抄家与别的抄家应该有所区别，这倒不是我有意为自己开脱罪责。别人抄家每至一家，打上门去，玉石俱焚，扫荡一切，具有极大的破坏性。而我们那次抄家则是略看一看就完事，应付差事而已。

事情的经过是这样的：记得那一天，我跟着几位同事来到干面胡同钱先生的家，钱先生和杨先生诚惶诚恐地迎接我们。走进客厅，我看见一架钢琴，那是钱先生的女儿钱瑗经常弹奏的钢琴。我不禁脱口而出，说了一句："钢琴！"还上前抚摸了一会儿。多年以后，钱先生还记得这句话和当时我那副幼稚的表情。

其实,那次与其说是抄家,不如说是参观他家。我和我的同事好奇地、蛮有兴趣地观察这位大学问家屋内朴素而高雅的陈设。除了钢琴外,还有两样东西引起我的兴趣:一是狐狸皮,二是皮鞋。当我们拉开一个柜子的抽屉时,大家惊呆了,抽屉里蜷缩着几只狐狸!仔细一看,原来是狐狸皮。那是冬天女人用来围脖子的。我拿起一只狐狸皮围在自己的脖子上,果然又柔软又暖和。拉开下一个抽屉,则满是琳琅满目的皮鞋。这些狐狸皮和皮鞋都是杨绛先生从国外带回来的。很快,"抄家"完了,当然什么也没有抄到。钱先生的家依然井然有序,根本不像当时大多数被抄家的那样翻箱倒柜,杂乱无章。尽管如此,我至今仍感歉疚不安,觉得对不起钱先生。

那次"抄家"很文雅,没有给钱家带来任何损失,但毕竟是对一位公民,特别是一位高级知识分子的人权的粗暴侵犯。多少年后,我曾当面向钱先生表示我的忏悔和歉意。钱先生说,对于伤害他的人,特别是年轻人,他都不会记仇的。

刘士杰的悼念文章记述的是一段真实的历史,不管是谁都会感恩他们的"温柔抄家"。这样的一群年轻人懂爱、懂艺术、懂欣赏也懂得保护!在严酷的条件下,还是有许多人无私地帮助了杨绛夫妇。

陶铸当时身兼中共中央政治局常委、中宣部部长,他协同陈伯达、关锋、戚本禹等人到学部保护了杨绛等一批老知识分子,

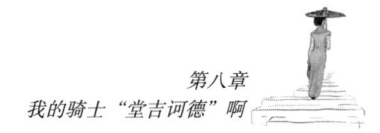

第八章
我的骑士"堂吉诃德"啊

1967年夏天,杨绛得到自由。

杨绛作完检讨后以为已经解放了,群众提些意见就能通过了。可是群众却质问"四个大妖精"的罪行。

杨绛不知道这是什么意思,弄不清楚从哪里跳出来"四个大妖精"。一个人把杨绛的笔记本打开,叫她自己看。杨绛从第一行看起,原来是把"四个大跃进"写成了"大妖精"。笔记本上写了四次"四个大跃进",第二次写成了"四个大妖精"。杨绛想想可能是因为天天开会,精神不济,不小心将"大跃进"写成了"大妖精"。这样的不严谨,眼睛雪亮的群众是不能放任不管的。

证据确凿,杨绛百口难辩,有人说她下意识蔑视做报告的首长,把"潜意识论"也搬来应用在这上面。如果"无限上纲"或者稍为往上提提,说她蔑视的是"大跃进"而不是领导,那就完了。那天开会做报告的首长恰好是杨绛所敬佩和爱戴的,无论如何都没有蔑视的缘由。强加给杨绛的"下意识",她一口否认,坦诚交代自己是精神不济写错了。

杨绛只好再一次认真写检讨。一人先过目杨绛的检讨书,看完他说:"你应该知道,你笔记上写这种话的严重性。"

杨绛抗议道:"那是我的私人笔记。假如上面有反动标语,张贴有罪。"

此人不予理会,让杨绛继续写检讨。杨绛觉得刚写的检讨挺好,不肯重做检讨,回家了。

杨绛事后说："不过我这件不可饶恕的罪行,并没有不了了之。后来我又为这事两次受到严厉的批评。假如要追究的话,至今还是个未了的案件。"

晚年的杨绛忘不了"四个大妖精",她说起与《堂吉诃德》的渊源关系：

我说四个妖精都由堂吉诃德招来,并不是胡赖,而是事实。我是个死心眼儿,每次订了工作计划就一定要求落实。我订计划的时候,精打细算,自以为很"留有余地"。我一星期只算五天,一月只算四星期,一年只算十个月。一年三百六十五天,只有二百个工作日,我觉得太少了,还不到一年三分之二。可是,一年要求二百个工作日,真是难之又难,简直办不到。因为面对书本,埋头工作,就导致不问政治,脱离实际。即使没有"运动"的时候,也有无数的学习会、讨论会、报告会,等等,占去不少时日,或把可工作的日子割裂得零零碎碎。如有什么较大的运动,工作往往全部停顿。我们哪一年没有或大或小的"运动"呢？

政治学习是一项重要的工作。我也知道应该认真学习,积极发言。可是我认为学习和开会耗费时间太多,耽误了业务工作。

学习会上我听到长篇精彩的"发言",心里敬佩,却学不来,也不努力学。我只求"以勤补拙,拙于言辞",就勤以工作吧。翻译工作又是没有弹性的,好比小工铺路,一小时铺多少平

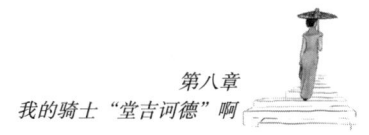

第八章
我的骑士"堂吉诃德"啊

方米,欠一小时就欠多少平方米,除非胡乱塞责,那是另一回事。我如果精神好,我就超额多干;如果工作顺利,就是说,原文不太艰难,我也超额多干。超额的成果我留作"私蓄",有亏欠可以弥补。攒些"私蓄"很吃力,四五天攒下的,开一个无聊的会就耗尽了。所以我老是早作晚息攒"私蓄",要求工作能按计划完成。就是在运动高潮,工作停顿的时候,我也偷工夫一点一滴地攒。《堂吉诃德》的译稿,大部分由涓涓滴滴积聚而成。我深悔一心为堂吉诃德攒"私蓄"却没为自己积储些多余的精力,每夜躺着想这想那,却懵懵懂懂,一点没想到有妖精钻入笔记。我把这点疏失归罪于堂吉诃德,我想他老先生也不会嗔怪的。

如果堂吉诃德在世,一定会对杨绛感激涕零,何怪之有?爱还来不及呢!

杨绛想试探自己的身份,恰巧发放《毛泽东选集》和毛主席像章,她也得了一份。根据这两样礼物,她认为自己已经进入群众之列了。

杨绛一直惦记《堂吉诃德》的翻译稿。她想尽各种办法,想把"被关押"的"堂吉诃德"救出来。她找到没收稿子的人,让他暂时把稿子发给她,她按照稿子检查自己的思想。那人不驳斥她,只说:"没收的稿子太多,你的那一份找不到了。"

杨绛的工作是打扫女厕所,别人还没扫完院子,她就把厕所打扫干净了。

从《堂吉诃德》"被俘"后,她觉得傻坐在办公室不安全,自愿到别的办公室打扫卫生,扫窗台、擦玻璃,消磨时光。她还想趁这样的机会找寻"堂吉诃德"的踪迹。任她千呼百唤,这位英雄如游入大海的鱼,再无足迹可觅,任她找遍每一间可能存放《堂吉诃德》的屋子,也没见到"他"的影子。

这种焦灼的思念谁懂?你吗?我吗?不,只有她和"他"懂!她想早日解救"他","他"想早日面世,让中国人见识"他"的侠士风范。

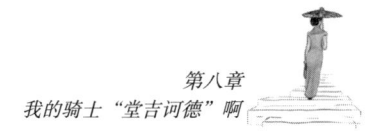

第八章
我的骑士"堂吉诃德"啊

《堂吉诃德》面世了

一转眼一年过去了。过完年,杨绛和同事奉命打扫后楼的储藏室。从凌乱的废纸堆里,她发现了《堂吉诃德》的译稿。她终于找到了"他",抱起失而复得的"他"放在凳子上,她快乐地告诉别人:"我的稿子在这里呢!"

杨绛想,这次无论如何得把稿子带走,哪怕是偷。她已经谋划好了,下楼没人看守,出门是楼梯,抱着大纸包只要不鬼鬼祟祟,只要大模大样下楼就不像做贼。楼下的女厕所不属于她打扫,也可以把稿子放在那里,找机会抱回家。想得虽好,实现起来必有重重险阻,她想走一步是一步,不愿意放弃这千载难逢的机会。监视他们干活的是老干部,机警的杨绛趁他转身,抢到稿子就走,可还没出门就有一人忽然指着她大喝一声:"杨季康,你要干什么?"

监视的老干部诧异地看着杨绛。杨绛生气地说:"这是我的稿子!"

老干部明白了杨绛的用意,他没有责怪她,只是对她说:"是你的稿子。可是现在你不能拿走,将来到了时候,会还给你。"

杨绛说:"扔在废纸堆里就丢了。我没留底稿,丢了就没了!"

老干部只好与看管者协商,看管者最后答应好好保管,杨绛只要不拿走,放在哪里都行。杨绛妥协了,她不想为难善解人意的老干部。她觉得书稿应该放在柜子里,放进去后才发现占据了太大的位置,如果有人需要那个地方,把稿子扔出来就麻烦了。她看了看,只有书柜顶上安全些,她把稿子取出,小心地放在书柜顶上。

放好后,她叹了口气,狠狠心肠走了。毕竟,还是见到"他"了,虽然仍然"被关押",毕竟得到了承诺,虽然那承诺是如此的无力。

军宣队、工宣队进驻学部以后,杨绛重新回到群众之中,和他们一起学习。

回到群众中的杨绛一心想要回译稿,她知道自己说话不管用,特意请学习小组的组长向工人师傅要求发还她的译稿,学习组长说:"那是你的事,你自己去问。"杨绛又去找人,可没人管这件事,大家都互相推诿,杨绛也无可奈何。

在杨绛即将下放干校的前夕,原先的组秘书回来当了学习组

第八章
我的骑士"堂吉诃德"啊

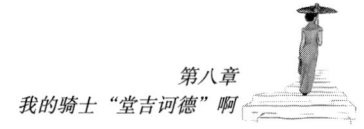

长。杨绛看到组秘书回来很激动,她知道组秘书是好人,会帮助自己的。杨绛在晚上学习的时候,递了一个条子给组秘书。第二天早上,组秘书找到杨绛问明情况后,立即把书稿找来交给了杨绛。杨绛无法抑制激动的心情,她终于把"他"抱在怀里,赶紧回家去。她对组秘书心怀感激:"落难的堂吉诃德居然碰到这样一位扶危济困的骑士!我的感激,远远超过了我对许多人、许多事的恼怒和失望。"

感谢这位组秘书,虽然你的名字没有出现在世人面前,你伟岸的身躯、宽广的胸怀,以及对译稿的尊重,是我们永远的精神坐标!在人人自危的年代,你守住了自己的底线,让文化之河源源不断地流淌……

杨绛和两位同事被安顿在楼上东侧的大屋里。两个朝西的大窗挂着芦苇帘子。窗帘经过夏季的暴晒早已破败不堪。他们准备摘下帘子让屋子敞亮些。

这时杨绛发现一个问题,急忙说:"别撤帘子!你们看,如果他们进我们屋来,得经过那两个朝西的大窗。隔着帘子,他们看不见里面,我们却看得见外面。我们可以早做准备。"

大家做了实验,果然如此,于是大家放弃了撤下帘子的想法,让它们继续挂着。

那间屋子里装了一只大火炉,没有煤取暖,他们只好去拾木柴、拣树枝。文学所里的木工老李和杨绛较熟,杨绛去他那借了一把锯子,大家轮番锯木头取暖。有时大家后悔当初不该学文科，应该选理科。杨绛当时不敢说什么，事后才感叹："我们既是文人，又是同行，居然能融洽相处，共有帘子的庇护和炉子的温暖，实在是难而又难的难友啊！"

1976年10月，长达十年的"文化大革命"结束了。人们终于拨云见日，改革开放的春天、科学的春天、知识的春天、艺术的春天终于迈着轻盈的步伐姗姗而来！

1977年上半年，杨绛和钱钟书结束了"流亡"生涯，迁居到三里河南沙沟的国务院宽敞而明亮的新居。这是钱钟书的老同学胡乔木关照的。杨绛记得："一月的时候，有个办事人员交给我一串钥匙，叫我去看房子，还备有汽车，让女儿陪我一起去，并对我说：如有人问，你就说因为你住办公室。"

他们是在2月4日立春那天搬的家。

杨绛从"五七干校"回来后，已经不满意原先翻译的《堂吉诃德》译稿，她开始从头译起，提高了"翻译度"，最后经过"点繁"，点去了几万字。"文革"结束后，她抓住一切机会一切时间翻译稿件，七十多万字的小说终于译竣。

1978年，人民文学出版社出版了汉译本《堂吉诃德》。

它是当时我国唯一一部西班牙语文学翻译译本，填补了这一领域的空白。

对于《堂吉诃德》的面世，西班牙方面立即给予高度评价，西班牙国王胡安·卡洛斯一世亲自向杨绛颁奖。这是我国文学翻译界少有的殊荣，译者当之无愧。

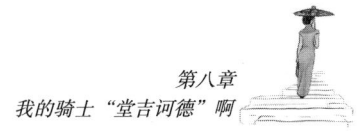

第八章
我的骑士"堂吉诃德"啊

　　杨绛翻译的《堂吉诃德》读起来幽默风趣，人物活灵活现，语言流利酣畅。杨绛说："我翻译的时候，很少逐字逐句地翻，一般都要将几个甚至整段文句拆散，然后根据原文的精神，按照汉语的习惯重新加以组织。我翻译很慢，平均每天也不过五百字左右。我是个死心眼儿，每次订了工作计划就一定要求落实。我订计划的时候精打细算，自以为很留有余地。"这和种庄稼一样，"字字皆辛苦"。

《堂吉诃德》的
　　　前世今生

通过翻译《堂吉诃德》，杨绛积累了很多经验，她谦虚地说：

我翻译的一字一句，往往左改右改、七改八改，总觉得难臻完善，因此累积了一些失败的经验。成功的经验固然难能可贵，失败的经验或许更有实用。在同一篇文章里，西文冗长，且多复句，一个句子可以包含主句、分句、形容词组、副词组，等等。按汉文语法，一个句子里容纳不下许多分句和词组。如果必定按原著一句还它一句，就达不到原文的意义，所以断句是免不了的。可是如果断句不当，或断成的一句句排列次序不当，译文还是达不到原文的意义。怎样断句？……原则是突出主句，并衬托出各部门之间的从属关系。主句没有固定的位置，可在前，可

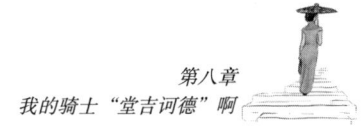

第八章
我的骑士"堂吉诃德"啊

在后,可在中间,甚至也可切断。从属的各分句、各词组都要安放在合适的位置,使这一词组重新组合的断句,读起来和原文的那一句是同一个意思,也是同样的说法。在组合这些断句的工序里,不能有所遗漏,也不能增添。

杨绛的翻译过程曲折而艰辛,如果经受不住打压而放弃自我,放弃不懈的努力也得不到最后的成功。坚持,不管黎明前有多灰暗,唯有坚持,才有机会看到曙光从东方冉冉升起!

杨绛前后用了20多年翻译《堂吉诃德》,这期间历经绝望又被希望点燃,《堂吉诃德》终于与国人见面。

杨绛翻译《堂吉诃德》是接受了当时"外国文学名著丛书"编委会林默涵先生分派的任务。他看过杨绛翻译的《吉尔·布拉斯》,给予高度评价。当时林默涵编撰"外国文学名著丛书",其中西方文学界的经典名著《堂吉诃德》也被列入。林默涵先生将《堂吉诃德》的翻译工作交给杨绛,没想到杨绛没有辜负他的重托,历经那么多的惊险与坎坷,历时那么久,终于胜利完成了任务,结局可以用两个字来形容:完美。

杨绛接到任务后开始找译本,由于编委会没有规定使用哪个翻译版本,杨绛也不确定使用哪一种,经过对许多版本的比较,最后选定了以西班牙原版为基础,又选了权威的西班牙皇家学院院士马林编著的版本作为参考。选好书之后,杨绛还不会西班牙语。杨绛于1959年开始自学西班牙文,他们留学英法时,对外文很熟悉，积累了丰富的学习外文的经验。她自信西班牙文难不倒她，结果，她真的很快学会了这门外语。

《堂吉诃德》与钱钟书的《管锥编》校对手稿同时完成。钱钟书要求和杨绛换题签。

杨绛打趣地说："我的字那么糟，你不怕吃亏吗？"

钱钟书说："留个纪念，好玩儿。"

就算她的字真糟糕，又有什么关系呢？她用20年时间翻译出这部巨著，这份情这份执着都值得他为她题字！这是敬重也是爱的体现，更是珍贵的留念。你的劳作我都看在眼里，你的辛苦都在我心里；我的成绩是你的，你的成绩还是你的；你劳作的时候，我也在劳作，我们同时定稿就是最好的纪念。这对文化匠人心有灵犀。

在西方文学创作里，《堂吉诃德》是举世闻名的杰作，与《哈姆雷特》《浮士德》并称杰出的典型。杨绛接受这部著作的翻译工作，也是因为十分喜欢这部作品。译本第一版在1978年问世，后来又多次重版，每次杨绛都要重新校订，使译本日臻完善。教育部将人民文学出版社出版的《堂吉诃德》列入《中学语文教学大纲》指定书目、中学生课外文学名著必读书目。人民文学出版社在2004年推出八卷本的《杨绛文集》收录了《堂吉诃德》一书。

杨绛围绕《堂吉诃德》撰写了九篇论文，它们分别是：《堂吉诃德和〈堂吉诃德〉》《塞万提斯小传》《再谈〈堂吉诃

第八章
我的骑士"堂吉诃德"啊

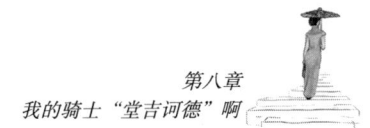

德〉》《〈堂吉诃德〉译余琐掇》《〈堂吉诃德〉校订本译者前言》《孝顺的厨子——〈堂吉诃德〉台湾版译者前言》《天上一日,人间一年——在塞万提斯纪念会上的发言》《塞万提斯的戏言,为塞万提斯铜像揭幕而作》《〈堂吉诃德〉校订本三版前言》等。

这些文章具有很好的参考价值,都是杨绛在翻译过程中根据有关史实考订,围绕作品的时代背景、艺术特色、思想内容、作者介绍展开编撰的所思所得。在文章中杨绛说了翻译的甘苦:

> 翻译是一项苦差事,我曾比之于"一仆二主"。译者同时得伺候两个主人:一个主子是原文作品。原文的一句句、一字字都要求依顺,不容违拗,也不得敷衍了事;另一个主子是本国译本的读者。他们要求看到原作的本来面貌,却又得依顺他们的语文习惯。我作为译者,对"译主子"尽责,只是为了对本国读者尽忠。我对自己译本的读者,恰如俗语地称"孝顺的厨子",主人越吃得多,或者吃的主人越多,我就越发称心惬意,觉得苦差没有白当,辛苦一场也是值得的。

1982年,杨绛被推举为中国翻译家协会理事。这是对她在外国文学翻译领域做出的杰出贡献给予的最高荣誉,完全是实至名归。

以前舆论极少关注文学翻译,《堂吉诃德》出版后,国内的评论家通过报纸，围绕一句西班牙成语的翻译展开了交锋，发表了不同的观点，引起了重大的影响。

林一安先生于2003年8月6日在《中华读书报》发表了评论《莫把错译当经典》，批评杨绛在《堂吉诃德》中把西班牙成语译为"胸上长毛"是"望文生义的败笔"，认为这个译本还需要"补苴罅漏"。紧接着，北京、上海的报刊连续刊发了三篇批评林一安观点的文章。这些作者赞同译者的观点，文章指出：根据词典释义，这句成语的原意本指"不畏危险和艰难的人"；但书中这句话，是桑丘形容堂吉诃德的意中人时所讲的。

目前书店销售的《堂吉诃德》共有五种译本，杨绛、屠孟超和孙家孟译为"胸上长毛"；董燕生译为"有股丈夫气"；张广森译为"有股子男子气概"。对于这个成语，有人理解成这个女人像男子一样勇敢；还有人认为：这个女人比男人还更有力，光说勇敢概括不了，说这话时还得带某种揶揄的语气，用"胸口长毛"为最妙。

评论家表面上争论的是"胸上长毛"是妙笔还是败笔，实际上涉及的是如何协调词典的义项与文化解读之间的不同诠释、评判文学翻译优劣的标准、如何看待名家译作中可能存在的"误译"等问题。

例如：中国社会科学院外国文学研究所副所长陈众议认为：以"胸上长毛"在此处形容勇力过人的女人，这是杨绛先生"原汁原味地移植了桑丘对堂吉诃德意中人的不屑"，可谓一个

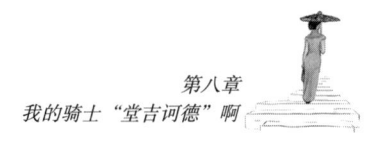

第八章
我的骑士"堂吉诃德"啊

妙笔。

杨绛解释为:"'胸上长毛',是男子汉的具体形象,成语,指的是男子汉的气概,是男子汉的抽象概念,按字面直译不失原意,而在桑丘嘴里,会显得更现成,更自然,也更合适。"

《堂吉诃德》出版之后,西班牙政府很重视,驻华大使连续三次邀请杨绛出访西班牙。第三次杨绛才答应下来,杨绛懂得中国那句古话:事不过三,再也无法推辞。

中国社科院代表团带领杨绛出访西班牙,杨绛也想趁这次机会把翻译中遇到的问题一一解决。

塞万提斯逝世三百六十六周年的纪念会,杨绛在会上发言:

"我们中国人有句老话:'天上一日,地上一年。'就是说,天上的日子愉快,一眨眼就是一天,而人世艰苦,日子不那么好过。我们一年有三百六十五天或三百六十六天。塞万提斯离开我们人世,已三百六十六年,可是他在天上只过了三百六十六天,恰好整整一年。今天可以算是他逝世'一周年'。我们今年今日纪念他,最恰当不过。"

沉闷的会场上,顿时爆发出热烈的掌声,来宾听到这真挚幽默的话语,忍不住为杨绛喝彩。

杨绛也许是唯一一位因为翻译著作被国王颁奖,又被再三邀请到西班牙的人吧!这是她的荣耀,也是翻译界的荣耀!

第九章
她，走了

钱瑗听母亲的话，微笑着、静静地睡着了，再也没有醒来。生，母亲把她带到这个世界；死，母亲握着她的手温柔地送别。她如婴儿、如天使一样安详……

他们仨团聚了

钱瑗在北京女12中55届毕业生名录中,这样做自我介绍的:"1959年毕业,一直在北京师大外语系工作,'文革'前教俄语,现在教英语,并负责一个以英语教学为专业方向的硕士生培养项目。每学期上两三门专业课,备课虽吃力,但能不断学习新东西,真是惟学半。"

钱瑗是这届同学中第一个被提升为教授和博导的,在留言中她谦虚地称自己是"惟学半"。她的专业是俄语,在教学时教英语,她总觉得没有教所学专业,教起学生来总是比别人努力,她忘记了自己有扎实的英语基础,在学俄语的时候一直在努力学习英语。

钱瑗和父母一样,把名利看得很淡,她更注重肩上的责任,不愿意辜负任何一位学生。钱瑗做博导时,正是师资资源紧缺时,国家培养的人才远远不够用,她除了研究生的课,还开了本

第九章
她,走了

科生的课,这样就需要耗费更多的时间和精力。

钱瑗住在城里,到学校路途不方便,她的课程安排得比较集中,每周有两天上午要一连上四节课,四节课连轴转是十分消耗体力和脑力的。钱瑗始终保持战备状态,精神高度集中、亢奋,加之经验少,还有无法抑制的紧张。

那时的北京到了交通高峰也经常堵车,每每遇到堵车钱瑗总像热锅上的蚂蚁,一路上都焦虑不安。堵车次数多了,为了不误课程,她只有提前出发赶往学校。有一次,她加班到很晚,第二天早上醒来时间晚了,她匆匆梳洗,连走带跑好不容易赶到车站,班车终于来了,钱瑗和大伙一起挤上车。一路颠簸,终于到了学校,钱瑗这才放松了紧绷的神经。她愉快地下车,往教学楼一路小跑,上台阶时,无意中发现一黑一白伴随着她,天哪,她竟然穿了两只不同颜色的皮鞋出门!这可如何是好?幸亏一位住校的老师路过,赶紧回家把夫人的鞋拿来救急……

穿错鞋足以说明钱瑗为了教学,害怕迟到的紧张程度,她像一架上紧发条的机器不能停歇。她对同窗说:"心力交瘁。我是在虎背上……"

北京师范大学在1960年春末夏初举办教改展览。当时,青年教师筹办了这次展览。据钱瑗的同窗、同样留校任教的章廷桦回忆:

我和钱瑗是从外语系抽调的,我搞编辑,她搞美术。搞美术的在59届同学中有号称"妖魔鬼怪"的四员大将：历史系的王德一，人们把一念作Yao（妖），这便是妖的由来；物理系一位会变魔术，魔的头衔当之无愧；生物系一位早有小鬼的外号，他当然是鬼无疑了；而钱瑗是四人中唯一的女性，没有绰号，不过既然排行老四，那只好把怪字认下来。妖和怪经过多年的交往、恋爱终成眷属，人们戏称"妖怪联姻"，他们的婚姻很美满。杨绛女士在《干校六记》中曾提到女婿王德一。1969年11月，送钱老上车时，王德一见有人行李太多，便上前相助，文章写了钱杨二老的心情："默存和我看他热心为旁人效力，不禁赞许新社会的好风尚，同时又互相安慰说：得一（这是钱钟书先生赠女婿的号，杨先生文章里总用得一。）和善忠厚，阿圆和他在一起，我们可以放心。"

通过章廷桦的披露，让外界知道了王德一和钱瑗一妖一怪结合的过程和钱瑗父母对女婿的态度——是可以放心的女婿。钱瑗挑选的人足以慰父母心。

钱瑗的学生回忆王德一时说：王德一任历史系教师，被怀疑是"五一六"分子被隔离审查，自尽于宿舍楼。王德一去世后，宿舍楼拉起了写有"某某某自绝于人民"的条幅，某某的名字打上了叉。此时的钱瑗把悲痛留在心里，表面上说话依然柔婉、斯文如昔，谁能想到她独处时，泪流满面无人擦、心碎无人听的悲哀呢？当暴风骤雨无法躲避时，她只有默默承受，在狂风巨浪中

第九章
她，走了

屹立不倒。

钱瑗和一位学生站在饭桌边吃饭闲聊，因为翻译小说提到了傅雷，钱瑗说傅雷是她的世叔伯，说世叔伯翻译罗曼·罗兰的长篇小说《约翰·克利斯朵夫》还没看过。在"文革"前这部长篇小说也被视为宣扬"个人英雄主义"而受到限制，图书馆不出借，上不了中文系的课堂，甚至是无处可寻。聊完天，学生将手里的那套《约翰·克利斯朵夫》借给她看了。

这位学生获准移居香港后的一天，吃午饭时碰到钱瑗特意走过去道别，钱瑗笑着说起父亲的糗事："爸爸在很多年前在香港投宿客栈，推门进去，管房的说没房间，爸爸争辩道：'门口明明写有房间嘛！'那管房领他去看，指着那牌子大声说：'砑房间！'原来，爸爸也被广东字'砑'难倒，看成'有了'！"

钱瑗和母亲一样乐于助人。当她无意间发现外语系资料室的翁某经常旁听大学课程，勤奋好学时，便主动承担了辅导他读书的责任，还义务帮他批改作业。这样帮助他好几年，直到他考上民族大学的研究生为止。

1972年，杨绛夫妇受到周总理的特别关照，返回北京，无处可去，只有住在钱瑗的大学寝室。这间朝北、凉飕飕的房子让他们仨觉得温暖，冷冷的空气吹不凉滚烫的心，那是经过无数次离别的又一次重逢。

钱瑗太忙，屋里到处是灰尘，乱七八糟的东西随处堆积。阿瑗的床是上下铺，别人不来和她同住，她也懒得打扫，心灵堆积了很多阴霾，房间里的灰尘谁还在意呢？好在一切的阴霾都会消散，晴空万里的日子总会来的。

　　冬天太冷了，钱瑗的同事给他们借了一套房子，钱钟书跟着去打扫卫生，打开衣柜时，那些堆积了很久的灰尘呛到了他，引发了哮喘病。这是他的老毛病了，严重时，他只能靠在床上喘息，如果下地走动，根本不能正常休息。杨绛每次听钱钟书急促低沉的呼吸声，戏称作"呼啸山庄"。

　　后来，他们离开居住了两年的小黄楼，搬进了学部七号楼西侧尽头的办公室。在这里取暖靠烧煤，有一次，他们的烟囱出气口堵住了，差一点儿中煤毒气。当时杨绛失眠，吃了安眠药才睡着，睡梦中隐约闻到一些气味，她没有醒来，迷迷糊糊中又听到巨大的响声。醒过来的她发现钱钟书摔倒在地上，她快速打开窗户，将钱钟书搀扶到屋外呼吸新鲜空气。原来钱钟书闻到了煤气味，起床开窗通风，站起来后吸入了煤气，晕了摔倒在地上，脑门磕到暖气上，留下一条伤疤。

　　两个人捂着棉衣，开着窗户坐到天亮。

　　第二天一早，钱钟书端着早饭笑眯眯地送到杨绛面前，还有杨绛最爱的猪油年糕。吃到一半的时候，杨绛才想起来钱钟书不会划火柴，谁给他点的火呢？

　　钱钟书得意地说："我会划火柴了！"

　　自从钱钟书在英国第一次为杨绛准备早餐后，一做就是几十年，这份爱这份情都裹在浓浓的早餐里，不管条件如何变换，爱

第九章
她,走了

她的心永远不变。

在苦难的岁月中,他们隐忍,为了文学、为了教书育人,不怕委屈。好在不管如何分离,三人终于又聚在一起互相温暖了。

当好尖兵

钱瑗从小喜欢文学,不像别人的孩子有远大的理想,她随父母,志气不大。考上北京师范大学以后,她告诉母亲,我要好好当老师,争取做一名尖兵。杨绛以为这是女儿创造出来的新鲜词儿,猜想尖兵可能不是什么好兵,可能是一名和将领沾不上边的小兵。毕业后钱瑗留校当教师,真的是尽心竭力当尖兵。她这个尖兵当得合格,让学生和同事刮目相看。

在人格上,钱瑗拥有正直不阿、坚强不屈的秉性。当年,英国和北师大为培养"英语教学"研究生进行了合作。钱瑗嫌英国派来的专家英语水平不符合北师大英语研究生的要求,常因为这事和英方管事人发生争执。后来,英国大使为这事向钱瑗道歉,并请她吃饭,询问钱瑗对培养研究生的计划和要求。钱瑗把自己的想法和要求和盘说出,英大使听了才知道钱瑗想建立一项有用的学科,这样,那些英语水平不高的专家真的难以胜任。

第九章
她,走了

有一天,北师大迎来一位从英国文化委员会派来的监管人。此人名气很大,脾气也很大,他视察过中国的很多大学,总使接待人难堪。英国大使事先跟钱瑗说那人的严厉是"冲着我们",希望钱瑗不要介意。

钱瑗听后,做好了思想准备,摆足了战斗的姿态。当钱瑗和监管人交谈之后,此人非常和气,对北师大十二分地满意,他感慨地说:"全中国就北师大一校把这个合作项目办成功了,你们中国人太浪费,有了好成绩不知推广。"

这真是出乎英国大使和钱瑗的意料。事后,学校因为钱瑗的付出,给她颁发了奖状。钱瑗住院之前,交给母亲三份奖状,这是她做好一名尖兵的最好证明。不管岁月如何更迭,这份荣誉将永恒。

钱瑗爱学生更爱教书。每天放学回家,挤完第一程车,还要再倒车,好不容易回到家,电话响了,有学生问这问那。不管问多长时间,钱瑗总是耐心解答,不烦不恼。有时刚吃过晚饭,有学生来找钱瑗,钱瑗又得跟他们做一次长谈。钱瑗班里的研究生问题多了些,大家都到了谈婚论嫁的年龄,没结婚的要抓紧时间恋爱,争取早点结婚;好不容易结婚了,脱离了单身生涯才发现,咦,这个不是我想要的结婚对象,离了吧,再找一个心目中的白马王子或者是白雪公主。钱瑗知道婚姻经营不好对学习影响很大,她不能忽视,得认真对待。每当学生找她谈心,她都细心地开导解决问题,没有推辞,更没有怨言。

在所有学科中，文体学是枯燥乏味繁重的课。在钱瑗的课堂上，这种现象基本不存在。没有几个学生因为上她的课睡着的，她喜欢用例句来解释问题，那些精彩的例句把"文体学"也带得生动有趣起来。钱瑗和杨绛一样喜欢到图书馆读书。她最常去新北大的图书馆借书，读了许多英国文学作品。她读这些也是为了选择例句，这样每天讲课就会有丰富的资料，给学生提供更多的知识。钱瑗借了一批又一批书，读完还，还了借，周而复始，没有停歇。

学校有去英国进修的名额，钱瑗没有主动为自己争取，直到资格考试时，有人退缩，缺少考生的名额，学校才把钱瑗推出去应考。1978年钱瑗到英国兰开斯托大学进修，两年后又到英国纽卡斯尔大学攻研英语应用学、文体学。钱瑗刚开始读不懂导师指定阅读的某诗歌作品。她非常着急，冷静下来后想了很久，终于找到了学习方法，她把某诗歌的同时期诗歌找来很多仔细研究，研究诗歌的韵律。等她把同时期的诗歌吃透，再回头读导师指定的诗歌，这样就容易理解了。

此后，钱瑗编写了《英语文体学教程》（英语版）、《英语言语节奏与英诗格律》等。出生于学界巨擘之家的她，从小耳濡目染，对文学有独到的见解与领悟，这与父母的教导分不开，每当钱瑗遇到问题求助父母时，父母只提供需要查找的书目范围或书名，剩下的得自己去找、去读、去解决问题。这样培养出来的钱瑗就算离开父母万里，也能独立成长，找到自己学习的方向和

第九章
她,走了

方法。

钱瑗的学生到香港后,一直和钱瑗保持通信,在信中她告诉学生学习英语的方法。学生最羡慕杨绛说钱瑗的话:"阿瑗是我生平杰作,钟书认为'可造之才',我公公心目中的'读书种子'。"

钱瑗1990年到英国访问半年后归国,途经香港再返回北京。那天晚上,学生请她到尖沙咀吃饭,两人畅谈愉快。学生送她回借宿的香港中文大学宾馆住宿,车子徐徐开走,夜色中钱瑗站在西班牙式建筑门前挥手。这个画面在学生心中成为永恒!人生有很多的见与不见,见你时,你在,想你时,你不在。

1996年初,钱瑗的同事陈教授到钱瑗家,聊天中钱瑗捧出《韦氏英语大辞典》。陈教授打开这本厚厚的词典,只见每页都工整地写满了密密麻麻的蝇头小字,好几千页呢,这是多么大的工程啊!

钱瑗看到同事很惊讶,解释说:"我父亲在下放期间,把这本辞典带在身边,从头到尾看了三遍,对每个词条都做了认真的审读和详尽的评注、修改、补充、更正、旁征博引,等于重新修订了这部辞书。"

"这可是宝贝呀!以后要靠你把它整理出来啦!"

"可惜我自顾不暇。"钱瑗忧伤地回答。

后来,陈教授回忆这一幕感慨地说:"钱老的学风是传家宝,对钱瑗的影响极大。上海某高校编写的《英语精读课本》是钱瑗主审的。她同样是逐字逐句，从头至尾反复读了几遍，不少书页上也留下了密密麻麻的字迹。"

正是有了钱钟书、杨绛严谨的求学态度，认真的求证，才培养出如此优秀的学者。钱瑗，是钱钟书和杨绛爱之结晶，也是他们杰出的作品！

第九章
她，走了

风雪夜归人

钱瑗和钱钟书一样，从来不参加旅游活动，她整天忙着教学、读书、找资料。同样是开会，别人抽时间到周边转转。钱瑗呢，经常到师范学校开会、讲学。会议结束，她不是在旅馆里读书备课就是返回学校，不像别人出去散散心、度度假放松一下自己。

她活着把自己放在了别人的后面，永远默默地付出，默默地把学生推出去，没有考虑自己。也许她本性如此，就如8岁那年，他们家的小阿姨阿菊的明信片不见了，上面写着她家的新地址，阿菊急得直哭。阿瑗在一边看着，静静地说："我好像看见过，让我想想。"想了一会儿，阿瑗说出一个长长的地名，什么路口，几号巷子，看起来很像回事。按照这个地址寄信，竟然一字不错。

钱瑗和钱钟书一样，从小就展现出惊人的记忆力，做到了

杨
绛传 简朴的生活，高贵的灵魂

"过目不忘"。这种能力是与生俱来的，所以，她为学生四处找例句，才能在课堂上灵活运用，口吐莲花。如果没有过人的记忆力，很难让枯燥的教学变得活泼轻松，易于理解。

叶坦是这样评价钱瑗的："有的人你跟他打了一辈子交道，也不知道他是怎么回事，有的人你见他一面，就把他看出个八九不离十，钱瑗属于后一种人。"

善良的人不管走到哪儿，都以善举示人，钱瑗在父母到干校期间，有一天，一位扫大街的老太太到钱瑗家来，恳请杨绛夫妇成全一桩婚事。经过详细了解，杨绛才弄清楚：老太太颇有学识，是总工程师的夫人，儿子杨伟成离异，有一儿一女，她觉得钱瑗善良真诚，十分喜欢钱瑗，希望钱瑗能当她的儿媳妇。

杨绛和钱瑗商量，钱瑗考虑到这么多年与父母聚少离多，居无定所，不想与父母分开，便拒绝了婚事。

杨绛开导女儿说："将来我们都是要走的，撇下你一个人，我们放得下心吗？"

钱瑗听了这话，说"让我考虑考虑。"经过一段时间的思索和家人的努力撮合，钱瑗认同了这门亲事。她知道在这世上，母亲希望她以后有个依靠。

钱瑗的前夫王德一是她北京师范大学的同学，后来两人同时留校做了老师，"文革"初期两人结了婚。两个志趣相投的人结婚自然是幸福甜蜜的。杨绛夫妇也被这种甜蜜感染，这不，杨绛因为爱女也爱女婿，还帮王德一理过头发。

第九章
她，走了

王德一在"文革"时期，被安上了"炮打林副统帅"的罪名，遭受了没日没夜的批斗。他不堪忍受这种侮辱，在隔离室北面窗户的暖气管上自杀身亡。王德一自杀的那刻，惦念他的妻吗？

钱瑗在王德一自杀后，搬出了北师大历史系的集体宿舍，与父母住在一起。钱瑗和杨伟成结婚时，杨的儿子已经18岁，到工厂上班了。钱瑗当人家的后妈，心里还是很忐忑的，她没有生育，也不知道如何跟这两个大孩子相处。

钱瑗的继子杨宏建在怀念钱瑗时，写了篇情真意切的文章：

当时我并没有不安。因为"钱瑗阿姨"是个很随和的人，不像"后妈"。那时我心里还有一个小算盘，"反正爸爸应该再结婚，那么钱瑗起码是个不坏的选择"。果然，妈在进入西石槽杨家的生活之后，一开始就与我和妹妹以大朋友的方式交往着，从未让我们感到有"继母"的感觉。同时，我俩从她那里得到的帮助是多方面的，她对我们的人生轨迹有很大影响。比如说我在25年前上大学时，从未想过由妈辅导的英文，会对我的一生起到如此积极的作用，为此我永远感谢她！

妈不是一个擅长家务的家庭主妇，大概也没有人会这样要求她。所以很有"自知之明"的妈会尽量以其他方式弥补自己的这一"缺点"。在很长的一段时间，每到星期六她该回西石槽的日子我会很盼着她，原因是她经常会给我们带回一些好吃的东西……因为要买东西,她一路要换几次公交车,经常到家很晚。如果是冬天,很早就黑天了,我们在家准备好了晚饭等着她。有时快七点了,我爸总是说:"先吃吧。妈可能马上就到了。"往往是我们刚坐下来吃饭,门开了,妈随着冷风背着大包小裹进得门来。她总是走得脸红红的,脑门上冒出汗珠。一边急匆匆地从包里往外掏东西,嘴里忙不迭地说:"对不起,对不起,来晚了,来晚了。"我们习惯了她这样出现,也很喜欢这样的一个晚上。

饭后我们通常看电视,电视剧居多。妈从没有时间或耐心看完一部电视剧,但又舍不得对此"孤陋寡闻",因此她总是提前看电视节目报,用这种作弊的方式了解一个故事的前因后果,然后得意地告诉我们:"后来……"对此,我们很有"意见",认为她把悬念给破坏了。

不管对学生还是对家庭,钱瑗都尽心尽力,想要一切都完美,无奈一个人的时间有限,她不能给孩子做顿晚饭,只有在匆匆忙忙回家的途中不断换车给孩子们购买好吃的,来弥补自己的"缺点"。每每读到杨宏建写的这篇文章,总想到唐朝诗人刘长卿的"风雪夜归人"。

章廷桦是钱瑗的老同学,他说:

钱瑗的头衔确实不少:中英合作项目负责人,英国《语

第九章 她，走了

言与文学》编委，全国高校外语专业指导委员会和北师大学术委员会、学位委员会的各种委员……一个个头衔和职务就像套在身上的一条条绳索，勒得钱瑗动弹不得。再加上她是出名的"死心眼"，办事认真得让人吃惊，也让人敬佩。拿一年一度的职称评定工作来说，钱瑗是校评审委员，外语学科评审组组长，事务繁忙，耗时费心，而且有全国各地为提职称而寄来的一篇篇论文和一本本专著请她评审。要评审，必须研读，这是多大的工作量啊！一次，外省某大学寄来一篇论文，钱瑗读后有似曾相识之感，再读则更觉得有抄袭之嫌，然此事干系重大，不可贸然下定论。于是根据回忆，翻遍书架，终于找到原书，再从头通读，列出抄袭部分的页码和段落。事后该校写来了感谢信，可他们并不知道钱瑗为此付出了多少精力。

钱瑗治学严谨，勇于担当，她的默默付出，大家有目共睹。

永远的钱瑗

十月怀胎、一朝分娩,是婴儿来到这个世界,母亲经历最大的一次挑战。杨绛在这次经历中,看着她的阿瑗一点点长大,上大学当教授和博士生导师,看她成家,丧夫,又结婚,一生未育……

她想让女儿在人世间有个依靠,等他们离开时,有人陪伴有人呵护。她为阿瑗设计了种种,唯一没想到的是,当她白发苍苍时,先送别的竟然是最小的她,那个本该继续活着、继续教书育人的女儿……

钱瑗由于长期超负荷的工作,身体出现了不适,先是咳嗽,接着腰疼。同事看她咳嗽得厉害,劝她去医院检查一下。钱瑗说不要紧,最近没休息好,过段时间就好了。有时咳嗽得太厉害,就在回家的路上买点药吃,借以缓解疼痛。

1996年春天的早晨,钱瑗竟然腰疼得不能坐起来。她瞒着

第九章
她，走了

杨绛偷偷给外语系打电话求助。尽管她觉得自己还行，不需要住院，还是被强行"押送"到医院。经过详细的检查，查出钱瑗患了骨结核，脊椎有三节病变，不排除有癌细胞的可能，接着检查又发现肺有问题。

北京温泉胸科医院接收了钱瑗，经过专家会诊，确诊钱瑗为肺癌晚期、肺部积水、癌细胞扩散，已经病入膏肓。这得有多坚强，直到站不起来才被逼来住院检查，那些疼痛的日子，那些无眠的日子，她怎么忍受的？她想过背后的亲人吗？为了家她也要爱惜自己啊！

钱瑗的诊断结果是保密的。但是，钱瑗还是通过服用的药物，使用的医疗器械，亲人和她说话的语气、小心翼翼的眼神与那绝望的关切之神态，加上医生的谈话猜出了病情。她知道自己的时间可能不多了，躺在病床上输液也没耽误工作。她不问病，也不谈病，似乎那个病和她无关，她只是挪了挪上班的地点，还是坚持定期给博士生、硕士生指导。

钱瑗在病危时期，还在为国家教委编著的《外语专业21世纪课程体系和教学内容改革》写研讨提纲，为《中小学外语教学》杂志写稿子。她说："这是还文债。答应很久的事了，欠债总是不好的。"答应的事情是不是要在生命终止前都要兑现呢？

后来学校为了让钱瑗安心养病，不让太多人前去看望。等到11月初，钱瑗的病情开始恶化，钱瑗的同学章廷桦、海云不顾劝阻赶到医院，两人坐在床边，一人躺在床上，章廷桦轻轻地喊：

杨绛传 简朴的生活，高贵的灵魂

"特洛伊卡（俄语，三人小组，三套马车之意）。"钱瑗会意地微微点头。

在北京师范大学上学时，章廷桦是团支书、海云是宣委、钱瑗是组委。40多年过去了，当年的"特洛伊卡"相聚在病榻前，伤感、无助之感不言而喻。他们开始回忆起快乐健康的青年时代，各自感慨万千。

海云给钱瑗带了个俄罗斯的木套娃，钱瑗看到后，欢喜得不行："啊，马特廖什卡（俄语），多可爱呀！以前我也有一个，可是……一次家里来了个小客人，我父亲不会哄孩子，就拿这马特廖什卡让他玩，并送给了他，我真舍不得！"

钱瑗打开木套娃从大到小摆成一排，一共五个。她深情地抚摸，像看着自己的孩子一样充满母爱……

也许，她回想到小时候父母给她买的那套木套娃，回想那个带走它的孩子是多么幸福。没想到几十年后，在病榻上还能看到它们，虽然不是她的那套。这也是一种幸福啊！

钱瑗提到了家人，她说："父亲也在住院，他知道我病了也住医院了。我给他写过信，我母亲经常为我们两个传递消息。可是……我母亲曾对父亲说，他这么病着，真可怜。可父亲说：'我不可怜，你们才可怜，要照看病人。'我现在觉得真是这样，我妈最可怜。86岁了，还要照顾两个病人。"

钱瑗害怕母亲看到自己的样子难过，一直没让她前来探望，每天晚上她们会通电话报声平安。

第九章
她,走了

钱瑷的癌细胞已经扩散,完全靠氧气机呼吸!她的骨骼中也进入了癌细胞,骨质严重疏松,翻动一下就可能导致意外,所以只能平躺不能翻动。这些不是要命的,要命的是后背褥疮溃烂露出了骨头。这还不是重点,重点是只能忍着,无法翻身治疗。这些还不算,最糟糕的是钱瑷下身已经瘫痪,肠胃没有蠕动的能力,无法进食,只能输液,全身的静脉已经扎烂,没有办法可想。医生为了给她输液,试图在左肩胛骨下开一个小口。先是想在右边开,结果失败了,又换到左边,这种痛苦可想而知。钱瑷笑着说:"在身上随便打洞,真残酷呀!"在生命进入倒计时的时候,她为了减轻同窗的不适,用玩笑掩盖自己的痛苦。

在生命垂危时,钱瑷还在惦记着工作。她把想到的事记下来,有时候交代别人去完成。她说虽然身子罢工了,脑子还管用,她开始重读许多外国原版名著,她说:"这下有时间精读了,还真又读出不少心得来。"听了这话,谁不心情沉重。生命即将走到头,她还在继续苦读书,还读出不少心得来,最后也只是减轻痛苦,给心灵慰藉吧!

钱瑷虚弱地躺在床上,想起童年快乐的时光,曾经的快乐是多么真切啊,现在的痛苦同样真切、难以忍受。当真的面对生死,想到再也不能陪父母慢慢走,留下年迈的他们,心碎的感觉涌上心头……

她预感到时日不多,只想见母亲一面。母亲终于来看女儿了,当她看到病入膏肓的女儿时,心瞬间碎了……

钱瑗强撑着说笑,她不想让母亲难过,越是这样杨绛越是痛不欲生。

有一次,母女晚上例行通电话,钱瑗说:"娘,你从前有个女儿,现在她没用了。"

分别的时刻终归是要来的,谁也不能抗拒,谁也躲避不了,杨绛握着女儿的手,像小时候一样把她揽入怀中,她强忍泪水,温柔地说:"安心睡觉,我和爸爸都祝你睡好。"

钱瑗听母亲的话,微笑着、静静地睡着了,再也没有醒来。生,母亲把她带到这个世界;死,母亲握着她的手温柔地送别。她如婴儿、如天使一样安详……

也许在分别的那刻,她难舍父母,不愿分别,但她无力拒绝命运的安排!也许做钱钟书与杨绛唯一的孩子,是她最大的福气吧!他们把所有的爱给了她,她也许希望,若有来生我们仨还在一起吧!

1997年3月4日下午,钱瑗离开了人世。

杨绛送女儿的最后一程,是在遗像旁放了一只花篮,素带上写着:瑗瑗爱女安息!爸爸妈妈痛挽。钱瑗火化的时候,杨绛没有去,她在医院照顾丈夫。她不能眼睁睁看着爱女化为灰烬……

钱钟书不知道女儿走了,杨绛不敢告诉他。

钱瑗活着时说不要留骨灰,北京师范大学外语系师生们恳求杨绛留下部分骨灰。杨绛不忍心拒绝这样的要求,后来,学校

第九章
她，走了

将钱瑗葬在校园内的一棵雪松下。杨绛曾到那棵雪松下静静坐了会儿，她好像是为了感应女儿的存在，女儿在，在树下，在她心里——永远！

第十章 他，也走了

她静静地站着，目送他进入火化间。谁能想到最后的离别，竟然是我爱着你，你毫无知觉，我爱着你，我爱着你，却要眼睁睁看着你从这个世界消失，我爱着你，希望你知道，站起来跟我回家，一生一世不分开……

《围城》内外

杨绛的《弄真成假》受到来自四面八方的喝彩后,钱钟书萌发了写长篇小说的念头。杨绛听了钱钟书的构思后,鼓励他创作。钱钟书说太长了,害怕写不完。经过杨绛的再三鼓励,钱钟书终于动笔了。他像杨绛翻译《堂吉诃德》一样,每天只写500字。写完一段文字,钱钟书总是先让杨绛过目,看着爱妻读他的稿子,他又紧张又期待,忍不住把后面的构思和盘托出。钱钟书写稿用心,提前进行了构思,这样写出的稿件几乎不用改动。

杨绛知道写作消耗精力、消耗时间,为了让钱钟书专心创作,她提议钱钟书把在震旦女子文理学院授课的时间缩减。理由是收入虽然少点,但我们节俭一点会过去的。为了节省开支,杨绛家的保姆因家里有事走后,她没有再请保姆,自己做家务省下一笔开支。杨绛停下手里的工作,一心一意操持家务,伺候钱钟

第十章
他,也走了

书。杨绛说:"劈柴生火烧饭洗衣等我是外行,经常给煤烟染成花脸,或熏得满眼是泪,或给滚油烫出泡来,或切破手指。可是我急切要看钟书写《围城》,做灶下婢也心甘情愿。"

在杨绛的支持下,钱钟书从1944年到1946年,"两年里忧世伤生",终于完成了洋洋洒洒20余万字的长篇小说。钱钟书把他们的经历用别人的名字写成了别人的故事。杨绛在《记钱钟书与〈围城〉》中提到:"从他熟悉的时代、熟悉的地方、熟悉的社会阶层取材。但组成故事的人物和情节全属虚构。尽管某几个角色稍有真人的影子,事情都子虚乌有;某些情节略具真实,人物却全是捏造的。"

《围城》完成后,《文艺复兴》杂志连载刊出,后被收入《晨光文学丛书》中。《围城》一经《文艺复兴》刊发就收获了大批读者,受到极高的评价。许多出版社争相出版,引起极大的轰动,受到中外读者的好评与喜爱。由于钱钟书写得太贴近现实、太生动了,有些读者对虚构的情节信以为真,有的还把这本书当成了钱钟书的自传,在阅读的过程中,不由自主地直接把作者代入成方鸿渐。有热心的读者给钱钟书写来慰问信,表示对他的婚姻充满同情。杂志社给钱钟书转来一麻袋读者来信。钱钟书每封都认真回复,希望让每个读者都得到安慰。越回信,信件越多。杨绛看钱钟书太累,只得抽时间替钱钟书回信。从这些反馈中可以看到一部好作品的影响力。《围城》胜出的不只是情节,它的语言更是精妙,值得仔细品味,它的精妙独到之处,正是作品的成功之处。

李健吾看了《围城》的手稿不禁感叹:"这个做学问的书虫子,怎么写起了小说呢。"

在李健吾的心中,钱钟书只是做学问的书虫子,怎么能写出堪称"新儒林外史"的讽世之作。戏剧性的变化随着《围城》的火热又一次出现在杨绛夫妇身上,在钱钟书的《围城》问世之前,人们见了钱钟书都以"杨绛的丈夫"称呼他;《围城》受到人们的追捧后,杨绛变回"钱钟书的妻子"。

这是不是"书虫子"在《弄真成假》火了之后,想要创作长篇小说的动力?钱钟书用了两年的时间写了20万字的经典之作,终于可以和妻子在文学天地间携手潇洒前行了,这,才是天造地设的一对才子佳人。电视台看好了这部书的价值所在,纷纷请求钱钟书准许将《围城》搬上荧屏。钱钟书考虑到小说和电视剧的差异没有同意,他谦虚地说:"拙作上荧屏实不相宜。"

上海电影制片厂的黄蜀芹,也就是我们前面提到的导演黄佐临的女儿,在20世纪80年代初期,让钱钟书的不相宜变成了相宜。实际上,一切都是偶然,偶然中又带有必然。

有一天,黄蜀芹游逛延安的书店,在一家不太大的书店里看到一本《围城》。她买回去细细读完之后,也和其他电视台的导演一样,想要把它搬上屏幕。她知道钱钟书的顾虑,想想父亲黄佐临导演过杨绛的话剧《称心如意》,他们三人是旧交故友,决定尝试一下,万一成功了呢?

第十章
他,也走了

　　黄蜀芹请求父亲给钱钟书写信说明情况。之后,黄蜀芹又开始细读《围城》,读了一遍又一遍,在反复研读中努力将原著的精髓理解透彻。弄懂了钱钟书想要表达的含义后,黄蜀芹开始写电视剧本。她知道钱钟书夫妇对文学的严谨态度,反复修改终于完成。黄蜀芹多聪明啊,利用父亲的老面子,带着剧本和父亲的信登门拜访钱钟书夫妇了。

　　钱钟书夫妇得知黄佐临的后人来了,那是相当高兴热情,马上同意了黄蜀芹的请求。为了让黄蜀芹能深入了解故事的创作背景,杨绛特意讲述了创作《围城》的前前后后。最后,杨绛解释说:"写《围城》的是淘气的钱钟书。"这句话给了黄蜀芹很好的启发。

　　随后,杨绛开始认真阅读剧本,在需要改正的地方做了标注,对如何修改提出了中肯的意见。在道具的选择、场景的布置上,杨绛给予了指点,讲了自己的见解。对于如何突出主题,杨绛写了几句话:"围在城里的人想逃出来,城外的人想冲进去。对婚姻也罢,职业也罢,人生的愿望大都如此。"

　　这句话现在依然是经典。钱钟书看到杨绛的这番解析,深表赞同,原来最懂自己的还是爱妻啊!夫妻俩相伴的不仅是身体,还有交融在一起的灵魂,明明是钱钟书的作品,最懂的人却是杨绛,达到心灵交融的也许就是这样的佳偶了吧!后来,杨绛写的这两句话作为旁白出现在电视剧的开头。正是这些宝贵的意见,启发了黄蜀芹,也让很多人为电视剧《围城》喝彩。

经过钱钟书夫妇的指点，黄蜀芹开始和剧组人员加班加点地工作，经过不懈努力，终于把《围城》搬上荧屏，让更多的人看到。黄蜀芹是认真的、全心全意的，演员也是，他们入木三分的刻画更是让人称赞不已。钱钟书特意给黄蜀芹写信说："与适自英国归来之小女，费半夜与半日，一气看完。愚夫妇及小女皆甚佩剪裁得法，表演传神……此出导演之力，总其大成。佩服佩服！"

钱钟书的《围城》，凝聚了两个人的心血。搬上荧幕的《围城》，凝聚了更多人的心血。

没有谁的成功是偶然的，钱钟书也是如此。在困境中，杨绛承担起一切家庭责任，让钱钟书安心写闲书，结果闲书不闲，滋养了那么多人的心灵，受到那么多人的追捧。杨绛是好样的，钱钟书更是。在钱钟书的生命里，杨绛是他的妻子、他的朋友、他的知己、他的情人、他生命的另一半。

第十章
他,也走了

相濡以沫,
拒绝离别

钱钟书平日里对杨绛不说甜言蜜语,对妻子的情谊都深藏在心底,他经常给爱妻写诗,感念爱妻的好,杨绛最喜欢钱钟书献给她的礼物:"弄翰捻脂咏玉台,表编粉指更勤开。偏生怪我耽书癖,忘却身为女秀才。"

本该是女秀才的你,为了家务活少了多少读书写作的时间啊,都是家务事占据了你的大好光阴,都怨我拙手笨脚只会读书,家中琐碎之事全由你操劳,我分担不了你的忧愁。

夫妻之间说什么感谢呢?钱钟书知道杨绛为他、为女儿的付出,他了然于心。在钱钟书心中,杨绛永远是那个"最贤的妻和最才的女",不管是做学问还是照顾家庭,她都是最出色的。

钱钟书身体一直不好,除了哮喘让他难以入睡外,身体还出现了别的症状。1994年,钱钟书到医院检查,竟然是膀胱癌,很快医院安排了手术,在做手术过程中,医生发现了钱钟书的右肾萎缩坏死,只得临时切除。对于84岁的钱钟书来说,这是一场大手术,他能吃得消、扛得住吗?这是大家关心的问题。

钱钟书从手术室出来了,83岁的杨绛日夜守护着他,悉心照顾,生怕出现意外。护士看她一直在病床前忙前忙后,劝杨绛回家休息,换其他人照看,杨绛笑着说:"钟书在哪儿,哪儿就是我的家。"这句深情的话,只有最爱的人懂,他们走过了60多年的风雨,这种感情,这种难舍难分的相互依赖,已经融入了彼此的生命中。

钱钟书眼看着杨绛遮不住的憔悴,也劝爱妻回家换别人来,杨绛总是赖着不肯走,在她心里,换谁她都不放心,换谁都不如自己照看得好。每当钱钟书心疼她,让她休息,她都很快转入别的话题。钱钟书其实也舍不得爱妻离开,他更知道爱妻在这样的时刻不会离开他,她的脾气他一清二楚,索性不再说了。

就这样两人在医院度过了相濡以沫的日子,那段日子虽然苦涩,但也充满了爱,充满了希望和担忧。和最爱的人在一起,哪怕是在医院,那又何妨?当钱钟书出院时,杨绛又瘦又憔悴,整个人小了一圈,走起路来摇摇晃晃,钱钟书看在眼里疼在心里。钱瑗为了让父亲快点恢复,在父亲出院后回家住了一段时间,她知道父亲疼爱她,喜欢听她说话,希望做女儿的能多陪他们,她也想抽更多的时间陪伴父母。钱瑗给他们讲新鲜有趣的见闻,回忆以前有趣时光,三人在一起说说笑笑,其乐融融。看到钱钟书

第十章
他,也走了

又开始说说笑笑,杨绛放心了,最爱的他终于好转了。

没想到好景不长,钱钟书好了没多久,健康又陷入危机,又一次住进了医院。经过检查发现癌细胞进入了膀胱颈上,接着又做手术。手术结束,钱钟书的肾功能衰竭,医生对他进行了紧急抢救,才保住了性命,靠透析血液维持生命。

钱钟书被病痛折磨着,身体虚弱到连说话的力气也没有了。他还有清醒的头脑,每当杨绛和他说话,他都用眼神回应。钱钟书不能正常吃饭,只能靠鼻饲摄取营养。为了给钱钟书增加营养补充能量,杨绛精心熬鸡汤混在营养液中。她为他做各种各样的果泥、肉泥,还把鸡肉里的筋、鱼肉的刺仔细处理好,防止出现意外。对钱钟书,她无微不至地照顾,就像照顾刚出生的婴儿一样用心。

钱钟书住进医院,一住就是四年,在这四年里,杨绛不敢有一丝的懈怠,只求上苍让他陪伴自己久点、再久点。在《我们仨》里,她深情地写到这段日子,也许只有用这样的记录方式才能抒发难以言说的痛:

有一晚,我做了一个梦。我和钟书一同散步,说说笑笑走到了不知什么地方。太阳已经下山,黄昏薄暮,苍苍茫茫中,忽然钟书不见了。我四顾寻找,不见他的影踪。我喊他,没人应。只我一人,站在荒郊野地里,钟书不知到哪里去了。

我大声呼喊,连名带姓地喊。喊声落在旷野里,好像给吞吃

杨绛传 简朴的生活，高贵的灵魂

了似的，没留下一点依稀仿佛的音响。彻底的寂静，给沉沉夜色增添了分量，也加深了我的孤凄。往前看去，是一层深似一层的昏暗。我脚下是一条沙土路，旁边有林木，有潺潺流水，看不清楚溪流有多么宽广。向后看去，好像是连片的屋宇房舍，是有人烟的去处，但不见灯火，想必相离很远了。钟书自顾自先回家了吗？我也得回家呀。我正待寻觅归路，忽见一个老人拉着一辆空的黄包车，忙拦住他。他倒也停了车。可是我怎么也说不出要到哪里去，惶急中忽然醒了。钟书在我旁边的床上睡得正酣呢。

我转侧了半夜等钟书醒来，就告诉他我做了一个梦，如此这般；于是埋怨他为什么一声不响撇下我自顾自走了。钟书并不为我梦中的他辩护，只安慰我说：那是老人的梦，我也常做。

是的，这类的梦我又做过多次，梦境不同而情味总相似：

往往是我们俩从一个地方出来，他一晃不见了。我到处问询，无人理我。我或是来回寻找，走入一连串的死胡同，或独在昏暗的车站等车，等那末一班车，车也总不来。梦中凄凄惶惶好像只要能找到他，就能一同回家。

钟书大概是记着我的埋怨，叫我做了一个长达万里的梦，这是一个"万里长梦"。梦境历历如真，醒来还如在梦中。但梦毕竟是梦，彻头彻尾完全是梦。他已骨瘦如柴，我也老态龙钟。他没有力量说话，还强睁着眼睛招待我。我忽然想到第一次船上相会时，他问我还做梦不做。我这时明白了。我曾做过一个小梦，怪他一声不响地忽然走了。他现在故意慢慢儿走，让我一程一程

第十章
他,也走了

送,尽量多聚聚,把一个小梦拉成一个万里长梦。

这我愿意。送一程,说一声再见,又能见到一面。离别拉得长,是增加痛苦还是减少痛苦呢?我算不清。但是我陪他走得愈远,愈怕从此不见。

一吻天荒

钱钟书病重的时候,钱瑗又忙又累,不停地奔波在学校、医院、家里。杨绛看女儿这样忙碌,害怕她吃不消,让女儿一周来看一两次就行了,她舍不得50多岁的女儿来回跑。钱钟书没有力气说话,钱瑗每次来和他说话,从他眼神里总是流露出孩子般欢喜的表情,他是爱女儿的,喜欢听女儿说话,他的开心是发自内心的,同时也是伤感的。他们都老了,要别离了。

杨绛为病中的钱钟书精疲力竭地忙碌着,完全不知道钱瑗起不来,被急救车送进了医院。

有位读者在钱钟书病重期间,找钱钟书签名。这位读者也真够铁的。钱钟书已经拿不动笔了,杨绛只好代签了。她把钱钟书的名字写在前面,自己的名字跟在后面,就像他们一样夫妇相随,她笑着说:"钟书病中,我只求比他多活一年。照顾人,男不如女。我尽力保养自己,争求'夫在先,妻在后',错了次序

第十章
他,也走了

就糟糕了。"杨绛一直担心自己比钱钟书早走,谁来照顾他?她宁愿照顾好自己,妥妥地把钱钟书送走,不愿留下他无依无靠。

老天眷顾了她的深情,我们期待的"让我照顾你一辈子"是真的,这句话不是恋爱时随口说出的甜言蜜语,也不是骗人的谎言,真的有人揣着一颗真心守护一生一世、从一而终。在《我们仨》中,杨绛在女儿去世时写了奇特的一幕,如果世间真有灵魂一说,真的有临终灵魂告别,那他们在最后的时刻隔空相聚,彼此祝福又离开了。这样的道别是完美的,没有病痛回到自己的家,在那个出生的地方重新开启新的生活。跨越时空相聚,那是灵魂最后的挣扎,为这一刻,钱瑗积蓄了60年的能量:

我抬头忽见阿瑗从斜坡上走来,很轻健。她稳步走过跳板,走入船舱。她温软亲热地叫了一声"娘",然后挨着我坐下,叫一声"爸爸"。

钟书睁开眼,睁大了眼睛,看着她,看着她,然后对我说:"叫阿瑗回去。"

阿瑗笑眯眯地说:"我已经好了,我的病完全好了,爸爸……"

钟书仍对我说:"叫阿瑗回去,回家去。"

我一手搂着阿瑗,一面笑说:"我叫她回三里河去看家。"

我心想梦是反的,阿瑗回来了,可以陪我来来往往看望爸爸了。

钟书说:"回到她自己家里去。"

"嗯,回西石槽去,和他们热闹热闹。"

"西石槽究竟也不是她的家。叫她回到她自己家里去。"阿瑗清澈的眼睛里,泛出了鲜花一样的微笑。她说:"是的,爸爸,我就回去了。"

太阳已照进船头,我站起身,阿瑗也站起身。我说:"该走了,明天见!"

阿瑗说:"爸爸,好好休息。"

她先过跳板,我随后也走上斜坡。我仿佛从梦魇中醒来。

阿瑗病好了!阿瑗回来了!

她拉我走上驿道,陪我往回走了几步。她扶着我说:"娘,你曾经有一个女儿,现在她要回去了。爸爸叫我回自己家里去。娘……娘……"

她鲜花般的笑容还在,我赶到钟书的床边,他正在等我。他高烧退尽之后,往往又能稍稍恢复一些。

他问我:"阿瑗呢?"

我在他床前盘腿坐下,扶着床说:"她回去了!"

"她什么?"

"你叫她回自己家里去,她回到她自己家里去了。"

钟书很诧异地看着我,他说:"你也看见她了?"

我说:"你也看见了。你叫我对她说,叫她回去。"

钟书着重说:"我看见的不是阿瑗,不是实实在在的阿瑗,

第十章 他,也走了

不过我知道她是阿瑗。我叫你去对阿瑗说,叫她回去吧。"

"你叫阿瑗回自己家里去,她笑眯眯地放心了。她眼睛里泛出笑来,满面鲜花一般的笑,我从没看见她笑得这么美。爸爸叫她回去,她可以回去了,她可以放心了。"

钟书凄然看着我说:"我知道她是不放心。她记挂着爸爸,放不下妈妈。我看她就是不放心,她直在抱歉。"

钟书眼里是灼热的痛和苦,他黯然看着我,我知道他心上也在流泪。我自以为已经结成硬块的心,又张开几只眼睛,潸潸流泪,把胸中那个疙疙瘩瘩的硬块湿润得软和了些,也光滑了些。

这段文字记录了钱瑗离开了世界,这是一场梦,一场醒不来也不愿意醒来的梦。现实中的杨绛不知如何开口向钱钟书说唯一的女儿病逝,没有活过他们的年龄。

他身子骨太弱了,经受不了这样的打击,杨绛实在想不出怎样开口,便一直不说,每天坚持念一念女儿的文章给钱钟书听,假装女儿还在,她忙,没时间来看他。

钱瑗去世四个月后,钱钟书的病情才稳定下来,杨绛考虑再三还是决定把女儿病逝的事告诉他,为了减少他的悲伤,杨绛用了一个星期的时间将这件事渗透给他。钱钟书听后点了点头,没有过度地悲伤,仿佛早有预感一般。也许,在他四个月的病重期,女儿一直没出现他就猜到了,也许,那段隔离时空的告别是真的,四个月前他们已经告别了,钱钟书早已安顿了女儿的去

221

向，她回自己的家了！

钱钟书的病情没有稳定多久，便开始持续发烧。医院组织了专家会诊，用了各种办法也不能控制钱钟书的病情。杨绛慌了，她意识到他们要分别了。杨绛守在他的床前，在他耳边不断说着家乡话，让他不要害怕。钱钟书强睁着眼睛招待她，杨绛说："你倦了，闭上眼，睡吧！"

钱钟书说："绛，好好里（即'好生过'）。"杨绛在他的额头上轻轻地吻了一下。这一吻便是前世今生的不再相见；这一吻，吻别了与他在一起63年的美好岁月；这一吻只剩下她一人，从此一吻天荒。

1998年12月19日，中国著名作家、文学家钱钟书病逝。

第十章
他,也走了

只有死别,
　　不再生离

钱钟书在离别前,嘱咐陪伴63年的爱妻:"遗体只要两三个亲友送送,不举行任何悼念仪式,恳辞花篮花圈,不保留骨灰。"在他躺着虚弱到说不出话的时候,清醒的大脑就在想着如何告别了,一生低调的他不想打扰太多的人,最好的方式,也许就是最亲的人送行,默默地来,悄悄地离开。

钱钟书告别仪式实录:

中国社科院发布了钱钟书逝世的消息,全国各地和海外纷纷给社科院和杨绛发来电唁函;法国总统希拉克也给杨绛发来电唁:高度评价了钱钟书的学术造诣和他对法中文化交流所做的贡献……

12月21日上午8:30,事先征得杨绛同意后,北京医院对钱钟书遗体进行病理解剖。11∶00医院工作人员为钱钟书穿上他生前喜欢的衣服。

11∶30钱钟书遗体被送至北京医院告别室。杨绛同意钱钟书遗体在北京医院告别室做短暂停留,以便有关领导在这里向钱钟书做最后凭吊。

遵照钱钟书的意愿,告别室内只有洁白的床单和常青松柏、万年青。钱钟书身着一件黑色呢子大衣,戴深蓝色贝雷帽,系灰色围巾,安卧在一具简易棺椁中。杨绛把她扎制的插有紫色勿忘我和白玫瑰的花篮摆放在钱钟书的身旁。

13∶45中共中央政治局委员、中国社会科学院院长李铁映来到北京医院,看望杨绛并为钱钟书送行。他握着杨绛的手说:"党中央、国务院的很多领导同志对我说,他们都是钱先生著作的热心读者。他们让我转达对钱先生的悼念之情和对您的问候!社科院同志们都很怀念钱老,都想来告别,遵照钱老后事一切从简的遗愿,由我代表全院干部职工前来送行。王忍之同志去八宝山为钱先生送行,既是作为生前好友,也是代表院党组和全院干部职工的。"

杨绛对此表示深切感谢。

13∶50钱钟书的遗体被送上灵车。杨绛撒了少许鲜花的花瓣,然后拉着曾经协助她看护钱钟书的女护工,一起上了灵车,灵车缓缓西行:随车送行的人群中,只有钱钟书的家人和王忍之等。

第十章
他，也走了

14：40钱钟书的灵柩被暂时安置在八宝山火葬场第二告别室。

灵堂里依旧没有任何摆设，也没有哀乐。在八宝山的灵堂里，全国政协原副主席、原社科院院长胡绳专程来向钱钟书告别；中共中央政治局委员、中宣部部长丁关根委托中宣部副部长白克明赶来为钱钟书送行。现场没有出现人山人海、络绎不绝的场面，到场送行的始终只有二十多人，包括钱钟书的女婿、外孙、外孙女，他的学生，以及几位闻讯赶来的朋友。

15：00钱钟书的遗体被送至火化车间。杨绛把白布掀开，仔细凝视钱钟书，并将眼镜摘下，目视遗体送进火化间。火化间的门关上时，旁人劝她离开，她说："不，我要再站两分钟。"

钱钟书的遗体火化后，根据他生前的意愿，骨灰当晚就近抛撒。在杨绛主持下，钱钟书从停止呼吸到火化完毕，后事历时57个小时。

杨绛最后的告别是摘下眼镜，仔细看他最后一次，这个她爱了半个多世纪，躺在那里一动不动的旷世才子、恋人、丈夫、知己，他是真的要走了，从这一眼后将化为灰烬，他们的爱就这样结束了吗？就这样永别，不知哪世再见了吗？她静静地站着，目送他进入火化间。谁能想到最后的离别，竟然是我爱着你，你毫无知觉，我爱着你，却要眼睁睁看着你从这个世界消失，我爱着你，希望你知道，站起来跟我回家，一生一世不分开……

这是最后的告别,也是真正的生离死别,从此,一个叫钱钟书的人消失在地球上,不管是谁,也不再相见。

当一切结束,杨绛疲惫不堪地回到曾经的家,家里的摆设依旧,剩下她一个,她觉得家没了,这儿是她暂时容身的客栈,供她歇息、回忆他俩的客栈。钟书在哪里,我的家就在哪里。他走了,消失了,她的家也跟随他而去。她想他走时穿着自己编织的衣服,心里又有些许安慰,有一次杨绛说把这些衣服捐给灾区,钱钟书双手护住,着急地说:"这是'慈母手中线',其他衣服可以捐,这几件留着。"

他们用自己的方式诠释了世上最美的爱情,世上最"纯净的婚姻"。爱,请深爱,使劲爱,哪怕来生不见,只求今生相守,只有死别,不再生离。

第十一章
北望百年隧道

王小波写的一段文字,好像专门为杨绛而言:要做一个有趣的人,就算独处,也不会寂寞。一个人一生很长,跟一个有趣的人共度一生,才不枉此生。

留在人世间，
　　打扫战场

有的人活着活着就走了，走得悄无声息，好像没有来过。有的人活着活着不觉奔到了90岁，就如杨绛。她送走了唯一的女儿，作别心爱的他，留在人世间，打扫现场，把三人活过的痕迹，慢慢梳理，慢慢回忆，慢慢抒写成时光之书。人，是不容易走散的，先去的人总会筑好巢，耐心等待尘世中为自己继续活着的那位。杨绛坐在露天的阳台，仰望夜空，寻找属于她的两颗星星，两颗在夜间不停眨眼的星星，默默地注视着满头银发、伏案整理书稿的她，无言，满载着爱与不舍。

她在每个清晨带着两个人的爱，在晨光中和老朋友打招呼，向陪伴他们多年的老树带去温暖的问候。老树在风里、在雨里、在阳光里，褪去旧装，换上新颜，一年又一年，像永不疲倦的卫士，看着人世间的更迭，老树不语，杨绛懂。她为离去的他俩欣

第十一章
北望百年隧道

赏晨露、倾听花语,看着老宅慢慢变旧。杨绛依然隐身在北京市三里河小区,这是他们仨在1977年共筑的家园。她舍不得离开也不会离开。他们搬进来时,三人两间卧室,简单地装修了一下,剩下一间当作书房,书房放了几个大书架,摆放着琳琅满目的书籍。这些还不够,他们还为每间屋子安装了书柜,配备了书桌,不让每间屋子失落,让书香气散布均匀,浓浓地顺着露天阳台,飘向蓝蓝的天……

他们是知识分子中的一员,不讲究吃穿,除了杨绛喜欢狐狸皮,钱钟书喜欢皮鞋外,一直过着节俭朴实的生活。三人最大的爱好是买书、看书,只要是没看过的书、感兴趣的书,不管中文还是英文,都会买回来。他们仨都是"书痴"。

杨绛趴在自己的小书桌上整理稿件,那张大书桌是钱钟书的,上面摆放的书籍,翻开依旧,只是那个伏案阅读的人消失了。有人奇怪她家中怎么摆放着一大一小、一横一竖两张书桌?杨绛说,我用小的,钱钟书用大的,他名气大要用大的。

在杨绛心目中,钱钟书的事永远在第一位。现在,这个第一位的人把位置空下了,包括曾经对爱妻的一百个满意也带走了。疲劳的杨绛侧身看到空荡荡的书桌,仿佛看到钱钟书从朋友家回来说:"朋友都笑我有誉妻癖。"

她习惯性地问道:"你誉我没有啊?"

他再一次老实地回答:"我誉了。"

钱钟书接着给杨绛说,他给朋友炫耀的三件事:"第一件事

杨 *绛传* 简朴的生活，高贵的灵魂

是话剧《称心如意》上演，在上海一夜成名，可你还是和从前一样，一点也没变，照旧烧饭洗衣；第二件是一次日本人抓你，你沉着冷静，把他们引进客堂，自己称倒茶，三步两步到楼上把《谈艺录》稿子藏好，日本人传你第二天到宪兵司令部问讯，我都很担心，你却很镇静；第三件是家里煤油炉过满，火着了老高，周边都是干柴，你走来，灵机一动，抄起旁边的尿罐扣上去，火柱立刻灭下。"

杨绛听完，笑着说："快别说了，'呆大'。"

笑完，再一抬头，钱钟书不见了，她到卧室里也没找见。后来想想他已经走了。他的一言一行原来都在她的心里。她知道钱钟书不会哄她高兴、不会说甜言蜜语，他说的每一句都发自肺腑，句句属实。就像他说："你的散文是天生的好，没人能学。照常理我应该妒忌你，但我最欣赏你。"

这是真诚的夸赞，也是他眼中真实的自己，杨绛深思一会儿，继续整理他的书稿。她要在活着的日子把他没有完成的杰作整理出来，唯有此，才不愧深爱一场。

她知道钱钟书走得太急，留下太多的手稿与中外文笔记没有整理。她明白自己需要做什么，这个家需要她留下来打扫战场，不能都走了，留下遗憾一年又一年。她也知道走的人坦然地躺下了，从此不问尘世，不问他留下的痕迹。他深爱的最贤的妻在旧时光中，一点一点整理出第一辑《钱钟书手稿集·外文笔记》。她知道这是他在欧洲（1935年—1938年）留学期间的读书笔记。

第十一章
北望百年隧道

她也知道这些笔记涉猎的图书反映了他在那个时代的研究历程，如果没有打扫战场人的整理、编绘，将是人世间一大遗憾。

问候完雨露、花语，杨绛返回能望见星星和蓝天的爱巢里，用过简单的早餐，开始把长期存放、已经变脆易坏的笔记一点点粘好、晾干，再整理。她知道90多岁的自己不能停歇，害怕停歇将是永远。她在无数个凌晨、无数个不眠之夜，把时间忘却，熬得双眼红肿，整理出7万多页的书稿，让深爱的他离去多年，仍有作品源源不断问世，就像他依然在伏案而作没有停歇。

1999年和2000年暑假，杨绛将钱钟书的笔记编出了目录，名为《钱钟书手稿集》，这部书稿分为《容安馆札记》《中文笔记》《外文笔记》。杨绛还邀请莫宜佳（Dr.Monika Motsch）为《外文笔记》进行整理和编目，她是《围城》的德文译者，也是德国的汉学家。莫宜佳接到邀请很兴奋，她在整理书稿时的感受很神秘："一瞬间，叹为观止的西方文学全貌展现在我眼前，充满尚未解开的秘密。"在文字的海洋里，要有一个辨识度高的语言学家把沉入海底的珍珠一一打捞，让文字焕发应有的光彩。

钱钟书活着的时候，已经在整理《外文笔记》了，他在打字机上陆陆续续打印出极少的部分，剩下的是手抄。他知道自己在国外阅读的笔记有极高的价值，像英文的圣茨伯里、理查德·阿尔丁顿、查尔斯·狄更斯、艾兹拉·庞德等的作品，还有侦探小说；法文的如古尔蒙、巴尔扎克、博马舍、福楼拜、维克多·雨果等的作品。他也知道自己对《法语俚语表》的笔记，说明对法文的涉及之广。他不知道的是,经过爱妻和莫宜佳的不懈努力,将容量如此之大的《外文笔记》(全48册)整理出来,笔记中涉及英、法、德、意、西、拉丁、希腊七种语言;题材涉及更广,包括哲学、语言学、文学作品与批评、文艺理论、心理学、人类学、通俗小说、笑话、百科全书等。这部书稿后来交与商务印书馆影印出版。他在阅读英、法、德、意文学时,详细做的读书笔记,留给世人一笔宝贵的财富。这,是伟大的文学家的价值体现。来过活过贡献过,留下坚实的印记足够。钱钟书比博尔赫斯幸福,博尔赫斯梦想有一个"既有金的炽热,又有银的柔软"的女人。梦想总是遥远的,那个没有梦想的钱钟书得到了博尔赫斯梦想得到的女人,成为世界上最幸福的男人之一。

莫宜佳和丈夫莫律祺在座谈会上兴奋地说,能再度参与外文笔记的整理工作很激动、荣幸,她说:"钱先生的《外文笔记》会激发读者和学者无尽的兴趣,启发他们做更深入的探讨。这些笔记是钱先生生命的一部分,反映出他对书籍的热情,惊人的语言知识与对生活的好奇和兴趣。进入钱先生的笔记世界里,你会有一种感觉,像是正在跟他进行有趣的沟通,它们总是让你惊奇,让你有新的发现。"

满头白发的杨绛深情地说:"许多人说钱钟书记忆力强,他只是下功夫读书,做好了笔记。"记忆力超强的人不多,成功的捷径是在每一个活着的片段,记录下所想、所悟、所得。这才是成功的基石。

第十一章
北望百年隧道

《钱钟书手稿集》的出版,能全面展现他对西方学术的阅读视野及深度思考,为全面评价他的学术成就提供了参考,弥补了他没有完成的对西方文学和文化研究的著作的遗憾。

正是杨绛孜孜不倦地整理钱钟书的读书笔记,让故去的伟大学者的阅读和研究历程展现在世人面前,她留在人世间,打扫现场,将笔记公之于众,使"死者如生,生者无愧"。使这巨大的个性图书馆、精华荟萃的思想宝库从此展露光芒,熠熠生辉。

杨绛传 简朴的生活,高贵的灵魂

记录隧道中的钱瑗

当钱瑗和钱钟书住院后,有人建议杨绛把他们仨的故事写下来,杨绛也有这个意思,可是她每天在两个病人之间忙碌,没有精力也无心抒写。脊椎癌已到晚期的钱瑗知道后,准备自己写,她给书取名字叫《我们仨》,她病得不能翻身,后背因为长期固定一个姿势,已经溃烂到骨头,她让阿姨举着纸,仰卧着慢慢写。长期化疗导致她无力、难以进食,她唯一的期盼、唯一的幸福就是回忆过去,他们在一起的那段无拘束的美好时光,不管过去多少年,回忆总是那样清新、那样甜蜜,好像他们仨都没老,好像时间停滞在那段岁月里。钱瑗写好了大纲,写好了她和爸爸玩耍的快乐场景:

爸爸逗我玩

1941年父亲由内地辗转回到上海,我当时大约五岁。他天

第十一章
北望百年隧道

天逗我玩,我非常高兴,撒娇、人来疯,变得相当讨厌。奶奶说他和我是"老鼠哥哥同年伴",大的也要打一顿,小的也要打一顿。

爸爸不仅用墨笔在我脸上画胡子,还在肚子上画鬼脸。只不过他的拿手戏是编顺口溜,起绰号。有一天我午睡后在大床上跳来跳去,爸爸马上形容我的样子是:"身是穿件火黄背心,面孔像只屁股猢狲。"把我的脸比作猴子的红屁股不是好话,就噘嘴撞头表示抗议。他立即把我又比作猪噘嘴、牛撞头、蟹吐沫、蛙凸肚。我一下子得了那么多的绰号,其实心里还是很得意的。

杨绛看到女儿已经这样了,还在抓紧时间写作,便安慰女儿,把病养好,等好了再好好写。杨绛哪里知道,她的女儿再没有时间抒写过往了,她放下笔,几天后就走了,留下一本书的悬念,一本书的故事,一本书的厚重,一本书中三个人的一生,走了……

钱钟书爱女心切,一年后也跟着钱瑗走了,留下杨绛继续抒写三个人的曾经。回忆是一条河,一条慢慢流逝、洗刷记忆的河流,80多岁的杨绛怎能在记忆的河流中,打捞出属于他们的那么多的曾经?这些已经不重要了,毕竟是他们仨经历过的日子,苦也罢,甜也罢,都是他们共同经历的,杨绛现在只想"要写一个女儿来陪着自己",在年老无依无靠、孤独的日子里,有个女儿陪多么好啊!虽然女儿的温度已经消失在红尘中,那曾经留下的经典传奇也够当娘的回味一生了。

　　杨绛92岁才完成了《我们仨》的写作。在钱瑗的《我们仨》开篇，她写的是童年爸爸逗她玩儿。杨绛写的是女儿，她的杰出作品失去时，那种心碎无着落、无处诉说的感觉：

　　"我使的劲儿太大，满腔热泪把胸口挣裂了。只听得啪嗒一声，地下石片上掉落下一堆血肉模糊的东西。迎面的寒风，直往我胸口的窟窿里灌。我痛不可忍，忙蹲下把那血肉模糊的东西揉成一团往胸口里塞，幸亏血很多，把渣杂污物都洗干净了。"

　　如果用现实记述写法，很难描述心痛的感觉，用一场万里长梦蒙太奇的手法，那种绝望、不能克制的痛楚得以体现。心碎了，心流血了，心从胸腔里溃逃出来又能如何？为了生活还不得捡起来揉成一团，重新放进躯体，继续活着……

　　阿瑗从长梦里消失不见，杨绛醒来却也是真真切切感受到她不在了。她的胸口没有梦中的窟窿，可是，梦中的心痛依然。在钱钟书面前，她还要装作什么也没发生，还要念消失的女儿写的文章，仅仅是为证明女儿还活着，看，她还在写文章，女儿写的文章多好啊，女儿多努力啊。不知她低头的瞬间，如何拭去悄然滑落的泪？

　　我们仨，却不止三人。每个人摇身一变，可变成好几个人。例如，阿瑗小时才五六岁的时候，我三姐就说："你们一家呀，圆圆头最大，钟书最小。"

第十一章
北望百年隧道

我的姐姐妹妹都认为三姐说得对。阿瑗长大了,会照顾我,像姐姐;会陪我,像妹妹;会管我,像妈妈。阿瑗常说:我和爸爸最"哥们儿",我们是妈妈的两个顽童,爸爸还不配做我的哥哥,只配做弟弟。我又变为最大的。

钟书是我们的老师。我和阿瑗都是好学生,虽然近在咫尺,我们如有问题,问一声就能解决,可是我们决不打扰他,我们自己查字典,到无法解决才发问。他可高大了。但是他穿衣吃饭,都需我们母女把他当孩子般照顾,他又很弱小。

根据杨绛的记述,很多人会以为她在家里占主导地位,毕竟钱钟书生活上需要她们来照顾。杨绛说这样猜就不对了,完全不对了,不是这样的,我们仨就像万花筒里面置放的三面镜子,彼此能看到对方,我们互相包容,你中有我,我中有你。

不管如何相亲相爱,在生老病死面前,总要认输,杨绛送走女儿、最爱的他后,清醒地看到所谓的家,只不过是旅途上的客栈而已。最爱的他活着时,他在哪里,家就在哪里。他们都走了,杨绛不知道家在哪里。她心静如水地寻觅归途,她和死亡保持着距离,她听他的话,好好活,平和地迎接每一天、过好每一天,随时准备回家,那个三人共有的家园,那里一定是鲜花盛开、温暖如春。因为三个人没有虚度此生,三个人在活着的时候奉献了所有,贡献了一生。

他们用一生爱着彼此、呵护彼此,为对方打气、为对方坚

杨绛传 简朴的生活，高贵的灵魂

强，无论世界如何动荡，无论人世如何沧桑，他们的精神家园都永驻，谁也摧不垮。

钱瑗是钱钟书夫妇在英国留学时生的；在祖国遭逢战祸的时候跟随义无反顾的父母投入祖国的怀抱；在十年动乱中坚如磐石，失去了丈夫也没有气馁，一直把辅佐学生作为己任。她为祖国的文化教育事业鞠躬尽瘁，如燃烧的蜡烛，油枯灯灭。

回忆，不总是如梦那般苦涩、伤怀。当杨绛把破碎的心装入胸膛，便恢复了思维，用温暖的笔触，叙述了她和钱钟书恋爱、育女、求学的过程。对杨绛来说，他们仨此生的情缘，是前世注定的因果，为了爱走到了一起。她在一个人的书屋里，回忆拥有的爱与温暖，仿佛又和最爱的他、女儿重新走过一生。随着杨绛缓缓的笔触，钱瑗的小脚丫、手指点着书页的画面又重现在眼前，仿佛一伸手就可以重新把她揽入怀中，这个聪明的小精灵、小天使。随着杨绛深入的回忆，他们走过的路，遇见的人，欣赏过的风景都一一再现，他们仨浓浓的情谊，在回忆里依然。

不管对谁，这都是一场盛大的体验，人生本该是悲喜交加的体验过程，记录完这个过程，一切也都结束了。就像文字完结了一样，让人久久不能释怀的永远是心底最深的感动。杨绛把女儿的离开称作是"回自己的家"，把自己的生命尽头称作"回家"。是啊，每个人终其一生，总要有一个共同的、永在的家园供灵魂歇息，那里才是真正的天堂，没有疾病、没有痛苦，只有轻盈的灵魂在空气中漫步！

第十一章
北望百年隧道

  阅遍人世沧桑，经历过跌宕起伏的杨绛，送走了最爱的他和女儿，她内心的平静再也没有人可以搅动了，这是岁月历练出的优雅与沉静。

  钱瑗滑出了属于她的轨道，消失在茫茫云海，她的故事、她的精神依然在尘世中延续：钱瑗教育基金是钱瑗的灯塔，守护着她不灭的灵魂！

为自己笔耕不止

把钱钟书的遗作整理完毕后,90多岁的杨绛开始翻译柏拉图的《斐多篇》。在翻译累的时候,她还坚持抽时间读书,这个习惯从幼年开始,一直没有间断。2003年,杨绛终于完成了《我们仨》,这本原该是女儿完成的书,最后落在了她手里。在书里,她记下了自己的一生、最爱的他的一生、女儿的一生,那种无可挽回的逝去,那深切绵长的怀念,让读者无不唏嘘,感叹才华已逝、岁月无情。

四年后,96岁的杨绛用两年半的时间,写好了散文集《走到人生边上》。在这本书里面,杨绛开始探讨人生的价值,这在她以前的作品集里是极少出现的,人生的价值本来就是世界难题。杨绛还谈了灵魂的去向,如果世界上真的有灵魂的话,这个问题也不好探讨。杨绛也许更想找到生命的回归或者是想要知道生命何去何从吧?假若真的有灵魂,那他的最终家园又在哪里?

第十一章
北望百年隧道

她是家园里留下的守护者,说不定哪一天,她便会作别尘世,不留下一丝遗憾,到有最爱的他的地方,那里还有爱女,已经为他们的温馨小屋铺好了床铺、备好了书籍,他们仨聚在一起,继续读书写作。

钱钟书说:"人生据说是一部大书,这书真大!一时不易看完,就是写过的边上也留下好多空白。走到人生边上,直视生死的大问题。人在世间走一遭,总会走到这一天,有的人浑浑噩噩也是走完,有的人便要思考我为什么来?我怎么证明我来过?"

以前总认为人类只要留下文字,就是自己来过的最好证明;而今,随着电子信息的完善,电子记录应该也是很好的证明;但由于世间的不确定性,不管是文字还是电子书、视频,都不能证明人类来过。自然灾害、宇宙力量都有可能将这些毁灭,不留痕迹。人们应该抓住活着的每一个瞬间,不愧对才好。用什么证明?用自己活着的每一天证明,爱过、活过、来过、无悔过,才是真的。

杨绛在《走到人生边上》中,对灵与肉、人生命运、生死、鬼与神等做了思考,进行了详细的阐述:"人生四苦生老病死。老、病、死,我算懂一点了,可是'生'有什么可怕呢?这个问题可大了,我曾请教了哲学家、佛学家,众说不一。我至今该说我还没懂呢。……过去的悲欢、希望、忧伤,恍如一梦,都成过去了。"

这是人生的最大感悟,不管是多么爱多么痛,到最后都只留下灰烬，随风飘散。这四万余字的散文，能读懂的人又有多少？

杨绛在2014年又为《洗澡》撰写《洗澡之后》，收入《杨绛全集》中。"我们曾如此渴望命运的波澜，到最后才发现：人生最曼妙的风景，竟是内心的淡定与从容。"

百岁老人脸上带着孩子的纯真，没有百年岁月留下的沧桑，如同她晚年写的作品，充满童真，以及对生命力、对世界的好奇，把难以忍受的不如意看淡了，看成了人生哲学，这也是杨绛的人生哲学。

杨绛用一家三口的72万稿酬以及版税设立了"好读书"奖学金，捐赠给母校——清华大学，她希望有更多的年轻人能和他们一样，热爱读书，并且加入到读书的队伍中。

在"好读书"奖学金的捐赠仪式上，主持人请杨绛坐着发言，杨绛神采奕奕地站起来说："我个子小，要站起来说，这次是我一个人代表三个人说话，代表我自己、已经故去的钱钟书和女儿钱瑗……在1995年钱钟书病重时，我们一家三口共同商定用全部稿费及版税在清华大学设立一个奖学金，名字就叫'好读书'，而不用个人名字；奖学金的宗旨是扶助贫困学生，让那些好读书且能好好读书的贫寒子弟，能够顺利完成学业。我收到几十万元稿费得跑银行，还要去税务局交税，麻烦，著作权拿在手里更是烦心事，有时难得认真起来还要跟人打官司，不如交给学校管理。"

杨绛在发言中，代表三人捐赠了72万元稿费，这笔钱对于一

第十一章
北望百年隧道

世清贫的他们来说,已经是一笔巨款。他们半辈子居无定所,住房还是爱惜他们的人分配的,一向节俭的杨绛说:"与其在上面耽误时间,不如全权交给学校,腾出来的时间,好看更多的书,做更多的工作。钱钟书让我好好活,断然不希望我将时间耗费在与金钱打交道上面。"

在此刻,仿佛他们就站在她身边,并没有走远,他们一直在陪伴她,不过选择了另一种方式。杨绛的一生,"我"只占小部分,"我们"才是最主要的部分。

清华大学给杨绛颁发了"功存教育,义声长孚"证书,肯定了他们仨对清华大学做出的卓越贡献,这是他们仨的荣光,清华学子铭记在心。

在这个浮躁的世界上,能做到像他们仨这样淡泊名利、宁静致远的有几人?杨绛在自己的桃花源中自娱自乐,成为"隐市"的智者。

停在那一刻,
不再前行

走过百年风雨的杨绛一直没有停笔。精神好的时候,她会把思考的东西记录下来;身体不好时,会静静地坐下养精蓄锐,回味百年人生。她居住的三层小楼年代太久,破旧不堪,她拒绝了政府出资重新装修一下房子的提议,她说:"虽说是国家的钱,到底是老百姓的,所以不要破费。"她为国家培养人才操劳了一生,为翻译事业奋斗了一生,不提吃的苦、受的累,反而惦念着国家和人民,不浪费人民的一分钱。他们三个一直抱着随遇而安的处世态度,不管是下乡、挨批斗还是下干校,都能淡然处之。

家里的摆设没有动,钱钟书和钱瑗生活的痕迹依旧。好像他们出去散步了,做好饭就会回来,然后三人坐下来,沏茶、吃饭、谈论某部文学作品,或者哪位学生的学习态度和遇到的难题。那部电话好像随时都会响,钱瑗急急地跑过去接听:"喂,我是

第十一章
北望百年隧道

钱瑗……"

杨绛喜欢看客厅墙上挂着的三人合影,他们紧紧靠在一起、依偎在一起,原来从内心深处散发出的笑容才是最美的。

靠退休金过日子的老人,有一颗博爱的心,她只想过好留在尘世的每一分每一秒。她喜欢独处,她不再关心外面的世界,她只在意自己的生活。就像年轻时不喜喧嚣嘈杂,老了更不愿被繁杂的世界搅扰了清净一样。

杨绛已经熬过了钱钟书和钱瑗离开的那段日子,那段日子不管是来自心灵的还是肉体的痛苦,都在一遍一遍摧残着她。有时走不动路,她只能扶着墙慢慢挪着步子,看书、写作都不能完成。不管多难过,她从不在外人面前痛哭,她希望留给大家的印象永远是淡定从容的,而不是整天哭哭啼啼的样子。夜晚来临,她才放下坚强的铠甲,回归柔弱的自己,靠安眠药获取夜的静谧。

如果有人想要看望杨绛,首先要跟保姆预约,时间不能太早。她习惯了晚睡晚起,钱钟书在的时候,一直给她做早餐,从不破坏她的美梦。杨绛年纪大了仍注重仪表,在接见客人时总会修饰一下,虽然衣服不新,胜在穿戴整洁,脸上虽然失去了光泽,那种特有的慈爱又增加了另一种美,正是经过岁月沉淀而成的气度芳华。

杨绛百岁寿诞时,钱钟书的堂弟钱钟鲁想要给她庆祝一下,特意打电话征求意见,杨绛说:"各自在家为我吃上一碗寿面即可。"

为了健康好好活,为最爱的他们两个继续活,杨绛睡得晚,醒得却比以前早,有人说,人老了睡眠时间缩短了,看来是真的。杨绛很少出门,坚持在家每天走7000步。她携带七支铅笔,每走够1000步用一支铅笔做标记。和钱钟书一起练习的大雁功,她每天还坚持做。除了进行身体锻炼外,她喜欢清淡的饮食,最喜欢用大棒骨熬汤煮木耳。她的听力和视力不如以前,为了减少不必要的打扰,她开始闭门谢客,不再接受采访。

有人打电话多说了两句,她便说胳膊有些发酸,听者怎会再继续打扰下去。对于一位喜欢清静的老人来说,最好的关心方式是还她清静,不去打扰。

晚年的杨绛说得最多的一句话是,"钱先生和阿瑗都走了,我的路也走完了"。也许,她的世界已经随着他们走了,她已经把属于他俩的战场打扫干净,属于她的战场也打扫完毕,她才如此淡定从容、漫不经心。

2016年5月25日凌晨,她不在人世间停留,结束了105年的人生。她在睡梦中走向永恒,他们仨团聚了。

杨绛说:"世界是自己的,与他人无关。"晚年的钱钟书送给妻子最般配的礼物是八个字:最贤的妻,最才的女。杨绛用一生诠释了这八个字,让德与才达到极致。